基础教育科学发展路径研究

杨好勤　杨会萍　狄娟娟　著

吉林出版集团股份有限公司

图书在版编目（CIP）数据

基础教育科学发展路径研究 / 杨好勤，杨会萍，狄娟娟著. — 长春：吉林出版集团股份有限公司，2024. 7. — ISBN 978-7-5731-5408-8

Ⅰ. G639.2

中国国家版本馆CIP数据核字第2024NK6447号

基础教育科学发展路径研究

JICHU JIAOYU KEXUE FAZHAN LUJING YANJIU

著　　者	杨好勤　杨会萍　狄娟娟
责任编辑	聂福荣
封面设计	牧野春晖
开　　本	710mm×1000mm　1/16
字　　数	200 千
印　　张	10.5
版　　次	2024 年 7 月第 1 版
印　　次	2024 年 7 月第 1 次印刷

出版发行	吉林出版集团股份有限公司
电　　话	总编办：010-63109269
	发行部：010-63109269
印　　刷	三河市悦鑫印刷有限公司

ISBN 978-7-5731-5408-8　　　　　　　　　　　　定价：79.00 元

教育的诞生，就是为了实现在代际传承人类积累起来的文明。它最显著的特点就是公共属性，因此，世界各国普遍认为教育是公共事业。政府的功能就是为社会提供公共物品和公共服务，维护社会稳定，促进社会良性发展，发展好教育事业是其基本职能。

基础教育为青少年儿童成为具有良好素质、健康人格的合格公民打下基础，它是教育的第一层次。基础教育的"基础"体现在对象的全体性和全面性，强调基本素质的培养。人是要先成人再成才的，换言之，基础教育要先教会学生如何做人，教会学生做一个认同社会，又能被社会所认可的人；将其培养成具有良好素质、健康人格的合格公民，才是切合了基础教育中"基础"二字之义。基础教育能否实现事关我国社会能否持续健康进步。它不仅担负着合格公民健全人格养成教育的重任，还承担着为党的事业和国家建设培养接班人与建设者的使命。坚持教育公平的原则、努力实现教育公平的理想主要是国家政府的责任。如果政府不能保障所有适龄儿童、少年享有相同的教育机会，接受基本的义务教育，不能保证在受较高质量的教育面前机会平等，其严重的后果是危害国家安全。基础教育发展中的非均衡现象已经严重制约着基础教育的健康发展，消除非均衡现象，实现基础教育的均衡发展是基础教育的科学发展路径。这一路径健康前行的保障就是政府切实负起责任。

我国正处于并将长期处于社会主义初级阶段，在教育资源，特别是在优质教育资源相对短缺的情况下，如何有效地配置教育资源，同样考验着教育公平和效益。政府提供了教育资源，就伴随着如何合理配置的问题，这就涉及资源配置机制。教育是公益性事业，学校是非营利性组织，教育提供的产品或服务的特性决定了不仅教育资源的提供必须依靠政府，而且资源配置机制也必须来源于政府。如果依靠市场的力量来配置教育资源，就很可能会加大基础教育非均衡程度。

本书从我国国情出发，对我国的基础教育情况进行了研究，对基础教育路径的发展方向进行了探索，希望能在相关领域做出研究贡献。

杨好勤　杨会萍　狄娟娟

2024 年 3 月

目 录 CONTENTS

第一章　基础教育科学发展概述……………………………………………………1

    第一节　基础教育科学发展的内涵………………………………………………1

    第二节　基础教育科学发展的结构………………………………………………6

    第三节　基础教育科学发展的价值………………………………………………10

第二章　基础教育科学发展的路径………………………………………………12

    第一节　改革开放以来我国基础教育的发展历程………………………………12

    第二节　基础教育科学发展的路径探索…………………………………………20

第三章　基础教育科学发展的规模………………………………………………45

    第一节　基础教育科学发展的规模要求…………………………………………45

    第二节　基础教育科学发展的规模现状…………………………………………52

    第三节　基础教育规模科学发展的建议…………………………………………59

第四章　基础教育科学发展的学校功能…………………………………………67

    第一节　基础教育科学发展对学校功能的要求…………………………………67

第二节　基础教育阶段学校功能发挥现状······················81

第三节　基础教育科学发展视野下学校功能发展建议···········105

第五章　我国基础教育发展探究····························114

第一节　我国基础教育发展中的问题与对策················114

第二节　我国基础教育现代化发展·······················128

第三节　我国基础教育数字化转型·······················136

第四节　我国基础教育与"五育融合"·····················150

参考文献···160

第一章

基础教育科学发展概述

第一节　基础教育科学发展的内涵

　　基础教育合理发展是对教育发展状况的一种界定。这种界定涉及的两个概念——"合理"与"发展"都是日常生活中经常使用的话语，但是它们的内涵并没有因为在日常生活中频繁使用而统一和准确。内涵的不确定可能导致在日常话语中谈及教育合理发展时，言说者们并没有在同一意义上使用这些概念，从而导致言说交流的失真甚至冲突。因此，教育实践中出现了各种有关教育发展的倡导和做法都被冠以教育合理发展之名的现象。为此，本书要对基础教育合理发展的内涵作一个统一的界定，以便人们能够真实地讨论和设计教育合理发展。基础教育合理发展是合成的概念，其中基础教育的发展是对象，合理发展是性质。本书将按照明确对象、确定性质的方式对这一概念的内涵进行逐层解读。

（一）发展

　　《辞海》对"发展"的解释是"事物由小到大、由简到繁、由低级到高级、由旧质到新质的变化过程"。从定义中可见这个词是中性的描述性词，并未涉及对事物变化好坏的评价，只是描述了事物的变化，而且是一种具有统一倾向的变化，即由小、简、低、旧向大、繁、高、新方向的变化。

这里需要说明一下，在日常使用中，尤其是在基础教育发展中，发展的含义显然不是中性的，而是带有积极意义的。发展总是被理解为"变得更好"。当我们说基础教育发展了，其实更多的是在表达基础教育变得更好了这一潜在含义。之所以如此，本书分析，很大一部分原因在于我们描述的事物正处在发展的初级阶段，它由小、简、低、旧向大、繁、高、新的运动变化正是我们希望发生的。也就是说，我们认为的"好"的标准和"大、繁、高、新"的标准恰巧一致，以至于我们认为凡是变得"大、繁、高、新"的发展就是好的。本书要对发展做出新的补充。发展是一个动态过程，这个过程除了包括由小、简、低、旧向大、繁、高、新的上升运动之外，还包括上升到一定程度所达到的适合、融洽的动态平衡运动。当事物在变得"大、繁、高、新"的方向上前进到一定程度时，发展可能会有新的含义。经济和社会领域里的发展概念都会随着社会的发展不断进化出新的含义。追求基础教育发展不能无限制地追求其向"大、繁、高、新"的方向持续变化，而应该在其达到一定程度后追求基础教育对国家、社会、人民产生的一种适合、满足和融洽。

（二）合理发展

合理发展是对发展的一种描述和界定，其内涵的确定主要取决于如何理解"合理"这一概念。

"合理"是个合成词，汉语合成词主要有复合式、附加式、重叠式三种类型，在复合式中又有联合型、偏正型、补充型、动宾型以及主谓型等类型，"合理"可归为复合式中的动宾型。这种类型的复合词的突出特征是由动词和名词组成，动词指向活动，名词指向活动的事物。本书考察作为动词的"合"以及作为名词的"理"。

　　从字形看，汉语中的"合"字是会意字，有器盖和器体相扣合之意。当器盖与器体相扣合时，可描述为"匹配""融洽""符合""聚合"等意思。汉语中"理"的本义为顺着纹理把玉从石头中剖分出来。这里的关键是事物的纹路，因此，作为名词的"理"本义指玉石的纹路，后泛指所有事物的纹路或事情的条理。

　　从"合"和"理"的本义看，"合理"可理解为符合、顺应理，与理和谐、融洽的意思。在行动的意义上，"合理"指向了一个比对的过程，将"合理"所指的事物与"理"相比较，如果事物与"理"能够相扣合，即为合理。一般情况下，"合理"所言说的事物都是非常明确的，但是与这一事物进行比对的"理"往往不太确定。这个"理"会因事物不同、立场不一而有所改变。因此，仅在一般意义上考察"合理"的内涵并不困难，困难的是合理所言说的事物的"理"是不是明确的，如果不明确，那么对合理的考察就变成了对事物之"理"的考察。本书将合理指向基础教育，因此对合理发展的考察就变成了对基础教育发展之理的探索和建构。

（三）基础教育合理发展

　　基础教育这个概念在日常生活中使用频繁，然而这个概念的内涵到底是什么，仍然是一个值得探讨的问题。因为在教育实践的不同场合，这个词被赋予了不同的内涵。1998年上海教育出版社出版的《教育大辞典》对"基础教育"的解释为：（basic-education）亦称为"国民基础教育"，是对国民实施基本的普通文化知识的教育，是培养公民基本素质的教育，也是为继续升学或就业培训打好基础的教育。一般指小学教育，有的包括初中教育。商务印书馆出版的《现代汉语词典》（第7版）则将基础教育解释为"国家规定的对儿童实施的最低限度的教育"。这部词典对初等教育的解释则是指"小学程度的教育。

是对少年儿童实施的全面基础教育和对成人实施的相当于小学程度的教育"。2013年全国科学技术名词审定委员会公布了《教育学名词》，该书对基础教育的界定为：实施基本的普通文化知识的教育。旨在培养公民基本素质，为其继续升学或就业打好基础。在我国，基础教育主要包括幼儿教育、小学教育和普通中等教育。显然这三种说法中，基础教育的范围是不一样的，第一种包括小学教育和初中教育，第二种只包括小学教育，第三种则包括了幼儿教育、小学教育和普通中学教育。还有学者指出，我国多年来一直把教育分为"基础教育""高等教育""职业技术教育"与"成人教育"四个部类，其中"基础教育"不仅把高级中学教育涵盖在内，甚至包括幼儿教育。这种观点认为基础教育是涵盖了从学前教育、小学教育、初中教育到普通高中教育的一个庞大的体系。也有学者称基础教育与义务教育同义，在我们国家，义务教育主要指小学教育和初中教育，但当我们使用基础教育这个概念的时候又经常把不是义务教育的学前教育和普通高中教育涵盖在内，所以如果不把基础教育的概念进行上延和下伸的话，学前教育和普通高中教育在上述教育分类中就没有位置了。

弄清基础教育的概念实际上是要解决两个问题：一是基础教育的含义；二是在当下的中国，基础教育具体指哪些教育。关于基础教育的含义，争议不是很大，一般指国家对国民实施的普通文化知识的教育，是培养国民基本素质的教育。基础教育要为学生的未来发展或终身发展打基础，这些基础一般包括基本知识的掌握、基本方法的训练以及基本态度与价值观的养成。

那么当下中国语境所言的基础教育都具体包括哪些教育呢？为什么上述工具书所引的词条对基础教育涵盖范围的界定会有那么大差异呢？基础教育指向一个国家的国民最基本素质的养成，但是这种最为基本的素质对于一个国家来说并不是恒定不变的素质体系，它会因国家经济、文化发展水平的提高而提高，也就是说基本的国民素质有时候是较低的素质水平，那么这个时候的基础教育层次也相对较低，当基本的国民素质是相对高水平的素质时，国家的基础教育就要包括高层次的教育了。其实国际上对基础教育的概念也有过类似不断扩张所包含的教育活动的情况。综上所述，当社会对国民基本素质要求不高时，接受完小学教育，或者再加上初中教育，就算是完成了基础教育，但是当社会不断进步，国民基本素质不断提高时，完成基础教育可能就意味着要接受从幼儿园到普通高中的全部教育。由此可断定，基础教育所包含的具体教育阶段和内容层次应该是一个动态体系。

2001年，国务院召开全国基础教育工作会议，并于5月29日印发了《关于基础教育改革与发展的决定》。这个文件在探讨基础教育的改革与发展时已经明确地纳入幼儿教育和普通高中教育。随后的《基础教育课程改革纲要（试行）》也明确提出，基础教育阶段新的课程体系要涵盖幼儿教育、义务教育和普通高中教育。由此，中国基础教育就成了包括幼儿教育、小学教育、初中教育以及普通高中教育在内的完整体系。这一点也可以从教育部司级职能部门的划分中得到确认。教育部在职能部门的划分上包括基础教育一司和基础教育二司，基础教育一司分管小学、初中阶段的教育，基础教育二司则分管学前教育、普通高中教育以及特殊教育等。因此，在当下中国，基础教育指学前教育、小学教育、初中教育以及普通高中教育。当然，其主体仍然是小学六年和初中三年的九年义务教育。

由以上分析可知，基础教育发展既包括基础教育各个阶段的活动由小到大、由简到繁、由低级到高级、由旧质到新质的变化过程，也包括基础教育各阶段通过自身调整为国家、社会和人民提供更为适合、满足和融洽的教育服务的过程。这里需要指出，在中国的教育系统中，小学教育和初中教育属于九年义务教育，而普通高中教育和学前教育未纳入义务教育范围，在公立教育为主的体系中，是否纳入义务教育范围对其发展有着深刻的影响。因此，属于义务教育范围的教育合理发展和不属于义务教育范围的教育合理发展会有比较大的差别。本书探讨的基础教育发展更多地倾向于属于义务教育范围的小学教育和初中教育的发展。

可以将基础教育合理发展理解为一个比对过程，即将基础教育发展这一事物与教育发展之理进行比对，二者相扣合即为基础教育合理发展。基础教育发展是客观存在的事物，可进行客观的观察描述，教育发展之"理"则是另一个体系，它因认识水平、价值诉求等的不同而有所不同，因此，教育实践中就会存在若干种教育发展之理。那么基础教育合理发展是否就是教育发展符合其中一种教育发展之理呢？本书认为，正是因为在很多情况下，我们把教育发展符合某一种教育发展之理的情况认定为教育合理发展，才导致了在日常话语中经常使用的"教育合理发展"有不同内涵的情况。为了保证教育合理发展的学术内涵的确定性，本书提出，基础教育合理发展所要求的教育发展之理应是一个确定的体系，这个体系是若干种教育发展之理协调统一的结果，这个理才是教育合理发展意义上的教育发展之理。

本书从"合"字的本义所指示的行动方式出发来探讨基础教育合理发展问题，具体的研究可以分为三个方面：一是深描基础教育发展之实，二是探究教育发展之理，三是将二者进行比对。其重点和难点就是基础教育发展之理的建构，有了合理发展意义上的基础教育发展之理，也就明确了教育合理发展的确切内涵。

第二节　基础教育科学发展的结构

基础教育教学发展的结构是从基础教育的构成上对基础教育是否合理发展进行的一种考察，这种考察需要将基础教育拆分，以便从更为细致的构成要素以及要素之间的联系等方面来剖析它的合理发展。本书从动态的行动逻辑结构和静态的存在形态结构两个方面来分析基础教育合理发展的结构。

（一）教育合理发展的动态行动逻辑结构

从动态的行动逻辑结构来考察教育合理发展的结构，首先要将教育看作一项有始有终的活动，其基本结构就是作为起点的发展目标、作为过程的发展手段以及作为终点的教育活动结果。这种活动显然要遵循设定目标、选择手段、考察结果的行动逻辑。合理发展的基础教育要有合理的目标、合理的手段以及合理的结果。

1．合理的目标

目的性是人类活动的基本特征之一。作为人类特有的经验传递方式的教育活动显然是一项目的性极强的人类活动。因此，基础教育各个阶段的发展都是有明确目标的，而且阶段之间的互通接洽以及阶段内实施教育的学校都有其各自的发展目标。这些目标构成了一个有关基础教育发展的目标体系。

基础教育的合理发展要求这个目标体系必须是一个健康合理的体系，要关照到基础教育利益主体的多元价值诉求、迎合社会发展需要，同时不能违背教育发展规律。另外，任何一个合理的教育发展目标体系的设定都要从教育活动发生的实际情况出发，迎合教育发展的现实需求。需要指出的是目标设定后才能选择手段，基础教育活动的目标如果失去了合理性，那么无论选择什么样的手段都会使它失去根本意义，也不用奢望这样的活动还能够取得预期的合理结果了。

2．合理的手段

手段是帮助实现目标的。基础教育合理发展的手段必须是能与基础教育发展目标相贴切的，也就是说要保证目标和手段的一致性。另外，考虑到手段必须通过执行才能看到效果，所以要对教育发展手段本身的可控性、可行性进行细致考察。必要的时候还要考虑特定手段在执行时可能产生的衍生结果。手段虽然能与目标进行完美匹配，但若没有可行性就无法实施，或者不易操控，实施时产生预料之外的衍生结果等，这些情况都是基础教育合理发展的手段应当尽力避免的。发展基础教育的手段有很多，但是实现基础教育合理发展、达成预设的合理目标的教育发展手段应是能经得起实践检验和理论推敲的合理手段。

3. 合理的结果

结果具有现实性，可测量、可验证。因此，对结果是否合理的评判要比目标和手段更为直接。当然，正因为结果的这种现实性，我们对结果的合理性审视不如目标和手段显得意义丰富。如果发现目标或者手段不合理，我们是有机会进行调整的，但是面对不尽合理的结果，我们只能接受。整体上，我们认为基础教育合理发展的结果应是一个获得多方认可的、符合预期目标的行动结果。基础教育发展是否出现合理的结果，是评判其发展是否合理的最终依据。

（二）教育合理发展的静态存在形态结构

从静态的存在形态结构来考察教育合理发展的结构，要将教育发展视为一个在纵向上连续不断的过程。我们选择一个时间点对这一纵向连续过程进行横切，从获得的这个横切面来考察教育发展的即时状态。从这里我们能够看到教育发展要素，包括反映基础教育供需状况的教育数量规模发展、反映基础教育学校分布的结构布局发展以及反映基础教育阶段学校提供教育服务的学校功能发挥。以下三个方面也是影响人民群众对基础教育发展是否满意的核心关切点。

1. 合理的数量和规模

教育发展的数量和规模是指一些可以观察和测量的教育发展数据。例如，某一学段的学校总数、某一特定地区的学校总数，或者一所学校的在校生数，甚至是一个班级的学生人数等。从发展的本义来看，教育发展包括教育的规模由小到大，学生、学校的数量由少到多的发展过程。但是合理发展并不是简单地进行数量和规模的扩充。学校数量多少要根据教育需求和地区的承受能力来综合确定，一个学校保持多大的规模则要根据教育规律、学校实际等条件来综合确定，而一个班级的学生人数也是有一个合理区间的。教育合理发展就是要求这些数量和规模处在一个合理的区间。

2．合理的结构布局

教育活动是以学校为基本的活动单位来组织实施的，各层次学校的数量和地区分布是教育发展要考虑的结构和布局问题。基础教育阶段的学校按照层次可以分为幼儿园、小学、初中以及普通高中四个学段。一个特定地区每个学段设置多少学校、保持多大规模，或者更确切地说提供多少入学机会，反映在教育发展上就是教育层次结构问题。这些学校分布在哪些地区、每所学校所覆盖的服务范围则是教育发展的布局问题。教育合理发展的结构和布局要求对学校的层次结构与分布进行科学合理的设计。

3．合理的学校功能

学校是执行基础教育活动的专门机构，基础教育阶段的学校是基础教育发展活动的直接载体。学校教育活动正在发挥哪些功能、提供什么样的服务是反映基础教育是否合理发展的最为直观的指标。尤其在人民满意的教育发展阶段，人民对学校功能发挥的评价将成为人们对整个基础教育发展是否满意的重要内容。学校应该发挥哪些功能、功能实际发挥得怎么样、需要拓展哪些新功能等问题都是基础教育合理发展需要深入探讨的。我们还需要思考基础教育阶段的学校功能供给是全部由学校来承担，还是可以将部分功能供给的责任分担给其他机构。也就是要搞明白学校功能发展的问题是不断扩展学校的功能来满足人民的教育需求，还是限定学校的基本功能，新的功能诉求由其他机构代为供给。

第三节　基础教育科学发展的价值

（一）理论价值

基础教育科学发展对如何看待基础教育发展和合理发展标准进行初步探索，赋予合理发展这一日常用语更为严谨的学术内涵。在理论上阐明了基础教育合理发展的内涵、基本要求和实现策略，尤其指明了合理发展所合的理具体包括规律之理、价值之理和现实之理三个方面，并分析了每种教育发展之理的特征、缺陷和发挥作用的侧重点。这为我们分析教育实践的复杂形势提供了一种简便的理论视角。

合理发展在纵向上主张从起点、目标到过程，全方位地关照基础教育发展。合理发展的基本主张是以现实之理关照教育发展的起点，以价值之理关照教育发展的目标和方向，以规律之理关照教育发展的整体设计。这种全方位关照一方面超越了以往仅依赖某一方面进行发展设计的思路，另一方面协调了影响教育发展的三个主要因素，并分别为它们找准了自己的定位，使它们在适合的领域和问题上发挥各自应有的作用。

合理发展在横向上主张统筹兼顾地关照基础教育发展。合理发展既要把体制、规模、效率、质量等单一目标作为发展的旨归，也要把基础教育放置于人民群众的多元诉求当中综合地设计其发展指向。合理发展既要从宏观上关注政策出台和统计数据，更要转向微观领域关照教育发展的各种细节；既要从大局出发，做出各种理所当然的取舍，更要统筹兼顾地关照每个主体的教育权益。

（二）实践价值

基础教育合理发展尝试指明未来基础教育的发展路径，尝试回答基础教育在大体实现了均衡发展、公平发展之后应向何处去的发展路径问题。改革开放以来，基础教育发展取得巨大成就，教育公平和教育均衡程度显著提高，但是远未实现人民满意的教育目标。基础教育合理发展的提出是立足于基础教育发展的现实基础和未来发展的前瞻判断的，是应对国家未来十年提高质量、综合改革的发展观而确立起来的一条现实发展路径。我们预设新的发展路径既能对现在的各种发展进行修复、弥补和完善，解决之前因快速发展形成的遗留问题和衍生问题，更能够应对现在发展所面临的新问题，以助力基础教育发展在新的历史时期不断提高，从而达到让人民满意的程度。

基础教育合理发展倡导综合协调规律之理、价值之理和现实之理，这种协调促进基础教育发展的导向有利于在教育实践中避免仅以一种教育发展之理来指导教育发展的错误倾向，更能帮助人们认清各种打着"合理发展"的旗号所进行的有偏差的教育发展实践。例如，仅关注教育发展的规律之理易形成学究主义倾向，割裂教育理论与实践之间的关系；仅关注教育发展的价值之理易形成理想主义倾向，使教育发展陷入不具备可操作性的空想；仅关注教育发展的现实之理易形成经验主义倾向，使教育发展僵化保守，缺少创新和时代气息。

第二章

基础教育科学发展的路径

第一节　改革开放以来我国基础教育的发展历程

（一）理顺体制，激活发展动力阶段（1978—1992 年）

1978 年 12 月，党的十一届三中全会胜利召开，中国社会也由此迈向了一个全面改革的新时代，基础教育同样迎来了发展契机。

教育领域开展的"三个恢复"（恢复高考、恢复重点学校和恢复专业职称评定）拉开了教育改革与发展的序幕，也为基础教育的发展扫清了很多障碍。邓小平同志提出主抓教育工作，在其推动和领导下，我国改革开放以来的第一次全国教育工作会议于 1985 年 5 月召开。在这个会议上，600 多名教育系统的代表与党和国家领导人讨论了《关于教育体制改革的决定（草案）》，会后即颁布了《中共中央关于教育体制改革的决定》（以下简称《决定》）。《决定》指出，改革管理体制，在加强宏观管理的同时，坚决实行简政放权，扩大学校的办学自主权。在基础教育管理的问题上，明确地指出实行基础教育由地方负责、分级管理的原则，是发展我国教育事业、改革我国教育体制的基础一环。基础教育管理权属于地方。除大政方针和宏观规划由中央决定外，具体政策、制度、计划的制定和实施，以及对学校的领导、管理和检查，责任和权力都交给地方。省、市（地）、县、乡分级管理的职责如何划分，由省、自治区、直辖市决定。

在这个文件的指导下，基础教育阶段的办学获得了强劲的发展动力。县、乡，甚至是村获得了教育的管理权后开始接管地区内的小学和初中，并举办了很多新的学校。基础教育阶段的学校迎来了财力充足、政策灵活的发展机遇，经过几年时间，我国就逐步形成了"村村有小学，乡乡有初中"的基础教育的基本布局形态。教育体制改革，尤其是实行基础教育"分级办学、分级管理"的体制改革，有利于调动全社会的力量关心、支持教育的积极性，从根本上改变了我国中小学，特别是农村中小学的落后面貌，具有极为重要的意义和影响。1985 年到 1992 年，短短 7 年时间，社会各方面集资办教育就达 1 062 亿多元，基本消除了农村中小学的破旧危房，明显改善了办学条件，为推进基本普及九年义务教育和基本扫除青壮年文盲打下了坚实的基础。

这里需要指出一点，当时的教育管理体制改革如此安排其实是体现了合理发展的基本精神。首先是符合现实之理。当时最大的现实就是中央用于搞教育的财力、物力、人力都很有限，如果还要搞的话，就要吸收其他力量来办学，当然，最主要的力量就是地方上的力量。其次是符合价值之理。人民群众对读书求学的价值诉求空前高涨，但是国家无力办那么多的学校让大家都能有学可上。把发展基础教育的责任交给地方，提出"人民教育人民办，办好教育为人民"的口号，一方面激发了地方发展基础教育的热情，另一方面迎合了人民群众读书求学的价值诉求。最后是符合规律之理。对活动没有操控权，那么活动的积极性以及活动所需要的创造性空间都是受到限制的，这不符合发挥主体创造精神和奉献精神的基本规律。因此，教育管理体制改革提出将教育活动的管理权力下放给地方，地方的积极性得到极大的提高，而且在活动的形式上出现了很多创新的尝试，加速了教育的发展。

（二）完成"普九"，扩张发展规模阶段（1993—2000 年）

理顺了体制，激发了发展动力，必然带来基础教育的大发展。从当时中国基础教育发展的实际看，首要的发展任务就是实现从无到有、从少到多、从不够到够的数量规模发展。让所有人都有机会接受基础教育的"人人有学上"成为基础教育发展要解决的核心问题，基础教育发展也进入了一个扩张发展规模的发展阶段。

1993 年 2 月，中共中央、国务院颁布了《中国教育改革和发展纲要》（以下简称《纲要》），绘制了 20 世纪 90 年代至 21 世纪初我国教育发展和改革的蓝图。1994 年 6 月，中共中央、国务院在北京召开了改革开放以来的第二次全国教育工作会议，进一步动员全党全社会认真实施《纲要》。自此，中国基础教育领域又多了"两基"这样一个独特的说法，即基本普及九年义务教育（基本"普九"）和基本扫除青壮年文盲。1994 年 7 月，《国务院关于〈中国教育改革和发展纲要〉的实施意见》发布，明确提出到 2000 年全国要基本普及九年义务教育（包括初中阶段的职业教育），即占全国总人口 85% 的地区普及九年义务教育。初中阶段的入学率达到 85% 左右，全国小学入学率达到 99%。

同时，根据地区实际情况，提出了分地区的"三步走"的实施方法。在基本"普九"的任务催动下，中国基础教育发展走向了扩大学校数量和规模、提高小学和初中入学率的发展轨道。2001 年 1 月 1 日，我国如期实现了基本普及九年义务教育和基本扫除青壮年文盲的战略目标。以"普九"为核心任务的基础教育发展告一段落。

这个阶段的基础教育发展选择以规模扩张为核心，体现了合理发展的基本精神。扩大办学规模，实现人人都有学上，这在客观上符合基础教育发展的价值需求；通过扩大办学规模增加基础教育的总量供给，以扩大供给的方式迎合旺盛的教育需求，符合教育发展的规律之理；当时各地基础教育发展的最大困难就是没有学校，或者学校太小，所以当时发展基础教育的基本起点就是兴办新学校、扩建原有学校，这样的教育规模扩张显然也是符合教育发展的现实之理的。

（三）提高质量，优化发展结构阶段（2001—2010 年）

基础教育规模在迅速扩张的同时也产生了一些问题，尤其在规模扩张基本满足了普及需要之后，基础教育发展的核心逐渐转到基础教育本身的健康发展上来。于是，在规模扩张阶段未及解决的发展不均衡问题、布局不合理问题、比拼升学率问题和应试教育倾向严重问题等都浮现出来，成为基础教育进一步向前发展必须跨过的障碍。基础教育发展面临的最大问题在内部表现为教学目标、教学内容、教学方式方法和评价等要素的结构不合理；在外部则表现为与基础教育发展密切相关的人、财、物分配协调结构不合理，学校的分布、各类型学校的比例结构不合理。由此，优化基础教育发展结构，提高基础教育质量成为其发展面临的首要问题。

1999 年 6 月，改革开放后的全国第三次教育工作会议召开，会议期间中共中央、国务院发布了《关于深化教育改革全面推进素质教育的决定》（以下简称《素质教育决定》），素质教育成为响彻中国基础教育领域的最强音。在素质教育的总体要求下，基础教育领域中的教师队伍、课程体系、教学模式等主要指标都开始调整。其中最为集中的调整工作体现为基础教育课程改革。《素质教育决定》将课程改革作为实施素质教育的重要条件单独提出，并提出了"调整和改革课程体系、结构、内容，建立新的基础教育课程体系"的总体要求。教育部基础教育司决定成立课程改革相关的课题项目攻关小组，经过两年多的努力，在反复论证、广泛征求意见的基础上，形成了《基础教育课程改革纲要（试行）》这一课程改革的指导性文件。2001 年 6 月，教育部下发了《关于印发〈基础教育课程改革纲要（试行）〉的通知》。中华人民共和国成立后的第八次基础教育课程改革逐步全面铺开。自此，中国基础教育进入了以实施素质教育和新课程改革为核心的发展阶段。

2001 年国务院颁布《关于基础教育改革与发展的决定》，文件要求对农村义务教育管理"实行在国务院领导下，由地方政府负责、分级管理、以县为主的体制"。基础教育发展的重任落在县级政府的肩头，在实行"以县为主"管理体制后，县级政府不仅有对所管辖的中小学进行布局调整的权力，而且有通过布局调整来减轻财政压力、提高资源利用效率的动力。管理上实现了从以乡为主到以县为主，经费投入上实现了县、省和国家多级投入，并对于发展滞后、问题较多的薄弱地区和学校设立专项政策与资金支持。随后，地方上基础教育的学校布局调整、标准化学校建设、寄宿制学校建设、教育均衡发展、平衡普通高中和中等职业教育等政策措施陆续推出，这些政策措施在整体上对基础教育的人、财、物、学校布局、学校类型等各要素和结构进行了有效的优化调整。

基础教育发展激活了发展动力，扩大了办学规模，因此其核心任务就转到了优化发展结构、提高发展质量上来。这其实是从基础教育发展的外围框架逐步转向基础教育内部运作体系的一种发展。布局调整、均衡发展、标准化学校建设，包括素质教育、课程改革等，这些基础教育发展政策措施都是在试图调整优化基础教育的发展结构。

（四）办好人民满意的教育发展新阶段（2010—2020 年）

早在 2008 年，学术界和一线教育工作者开始密集地就"办好人民满意的教育"展开研究、探索和尝试。办好人民满意的教育逐步成为中国基础教育发展的核心任务。2010 年 7 月，改革开放后的第四次全国教育工作会议在北京召开，随后发布了《国家中长期教育改革和发展规划纲要（2010—2020 年）》（以下简称《规划纲要》），对中国未来十年的教育发展做出了基本规划。温家宝总理在会议中指出，教育发展要顺应人民群众对接受更多更好教育的新期盼，我们一定要解决好教育领域人民群众最关心的突出问题，办好人民满意的教育。《规划纲要》的制定和实施只是一个新的起点，办好人民满意的教育任重而道远。2012 年，党的十八大报告更是以"努力办好人民满意的教育"为标题阐述了党的基本教育主张。中国基础教育进入了以人民满意的教育为核心的发展阶段。

这一阶段，基础教育发展面临的首要问题是如何让人民满意。人民群众对基础教育的需求是多元化的，而且是不断增长的，但基础教育的总体供给还是相对单调的。统观基础教育发展全局，这一阶段不像以往基础教育发展面临着非常明确的核心矛盾和突出问题，而是面临着关涉方方面面的复杂矛盾和复杂问题。什么样的基础教育会是人民满意的呢？对人民群众而言，基础教育就是"上学"，可这个"上学"意味着很多。首先是自己的孩子能不能到一个适合他的学校上学。适合的学校并不一定就是名气大的、规模大的或者建设漂亮的学校，而是一个让人民群众抛开攀比心后觉得适合的学校。其次是自己的孩子能不能更方便地去上学。孩子从家出来到学校上学是中国亿万个家庭每天都要面对的事情，上学怎么去？花多少时间？花多少钱？是不是安全？每一个问题都关涉人民群众能否满意。城市涉及堵车费时间的问题，农村涉及路远和花钱的问题，总之，能否方便地去上学严重地影响着人民对基础教育的满意度。最后是自己的孩子能不能在一个安全舒适的学校里上学。到学校后，学校里的环境、提供的教育服务都是真正影响学生发展的核心问题，这个层面的上学是最能影响人民群众是否满意的上学。

回顾改革开放以来我国基础教育的发展路径，我们可以发现，基础教育发展走了一条重点解决突出矛盾、渐次实现阶段式发展的道路。先是通过教育管理体制改革激活地方发展基础教育的热情，为教育发展提供活跃的发展动力，重点解决的是发展动力矛盾。然后是以普及九年义务教育为目标推动基础教育规模扩张，实现基础教育规模化发展，重点解决的是教育总量供给不足的矛盾。随后则以布局调整、均衡发展、素质教育和课程改革为核心优化教育发展结构，提高教育发展质量，重点解决的是从"有学上"转变到"上好学"的矛盾。在重点关照了发展动力矛盾、总量供需矛盾和发展结构矛盾之后，中国的基础教育发展逐步迈进一个崭新的时代。解决好人民群众不断增长的丰富的多元化的教育需求和现阶段相对单调的教育供给之间的矛盾成为今后相当长一个时期的教育发展主题，办好人民满意的教育成为基础教育发展的核心矛盾。解决这一矛盾需要中国教育人凝聚更多的智慧、付出更多的努力。在复杂性理论看来，基础教育发展已经到了不能再简单依靠"问题—对策"这样的局部线性思维去应对发展问题的阶段了，所面临的是各基础教育相关要素间呈指数级增长的复杂联系，这显然需要我们对基础教育发展道路有一个新的设计。

（五）我国基础教育发展新维度（2021年至今）

中国式现代化是"人口规模巨大的现代化"。人口规模巨大是中国教育发展最大的国情。基础教育阶段的学生规模、教育人口数量巨大，学校规模、师资数量、设施体量也在世界首屈一指。在教育高质量发展的背景下，"量"与"质"具有不可分割的关系，因此，建设人口规模巨大的现代化教育体系，构筑人力资源的巨大优势，必须面向全体学生，提高国民素质，发展素质教育。

素质教育已经提出 30 年，成绩巨大，问题仍存。现阶段有必要守正创新，将素质教育升级至"素质教育 2.0"。在升级版的素质教育中，应当继续提倡立德树人是中小学校的立身之本，继续弘扬素质教育面向全体学生，促进全面发展，实现生动活泼、主动发展的基本要义，同时应当立足新时代，面向 2035 年，研究如何切实引导学生坚定理想信念、厚植爱国主义情怀、加强品德修养、增长知识见识、培养奋斗精神，研究如何真正落实"培养什么人、怎样培养人、为谁培养人"这一教育根本问题的内涵、外延、方略，对素质教育的 30 年实践进行梳理、明确、更新，对素质教育未来工作进行再动员、再部署、再落实。通过提出素质教育 2.0，发挥振聋发聩之作用，从而进一步号召各地各校各方面更有效地贯彻党的教育方针，强化教育引导、实践养成、制度保障，激发学生的学习热情，面向全体学生，减轻学生校内作业负担及校外培训负担，服务学生全面发展，增强学生综合素质。

2024 年全国教育工作会议强调，要把组织实施教育强国建设规划纲要作为工作主线，把全面提高人才自主培养质量、支撑高水平科技自立自强作为主攻方向，把进一步全面深化改革作为根本动力，在教育的数字化、国际化、绿色化方向上开辟发展新空间，加快建设高质量教育体系，办好人民满意的教育，培养德智体美劳全面发展的社会主义建设者和接班人，为全面推进中华民族伟大复兴作出新的更大贡献。会议指出，要构建中国特色、世界水平、与中国式现代化相匹配的高质量教育体系，扎实推动教育强国建设重点任务落地见效。一要着力构建落实立德树人根本任务新生态新格局。启动实施立德树人工程，全面加强教材建设和管理，以身心健康为突破点，强化五育并举，促进高校毕业生高质量充分就业，引导学生坚定听党话、跟党走。锚定 2035 年建成教育强国目标，必须跳出教育看教育，聚焦推进中国式现代化这个最大的政治，深刻认识教育强国的主攻方向和战略布局，增强历史主动精神和战略思维，书写好以教育强国建设支撑引领中国式现代化的新篇章。

第二节　基础教育科学发展的路径探索

从基础教育发展的流变历程可以发现，通过恰当的方式和措施，基础教育管理体制改革和数量普及的发展任务得以顺利完成，质量的提高已经成为基础教育发展的共识目标。与前面能够量化检验的发展任务不同的是，质量提高的发展任务和人民满意的发展标准不能简单地用量化指标来衡量。面对这种发展形势的变化，基础教育发展的倡导和发展的方式是否出现了不能适应的问题？我们是否应该探索更为先进的发展理念和方式呢？

笔者认为，真正办好人民满意的基础教育，需要全面深化对当下基础教育发展的认识。现有的诸多倡导和做法是否还能够引导中国基础教育继续前行？它们存在什么样的问题？这些都应该得到基础教育合理发展理论的理性审视。由此，本书选取了目前基础教育领域较有影响力的发展倡导或者发展做法，通过描述和分析大体刻画出当前我国基础教育发展的基本现实，然后将这一教育发展之实与前文所提的教育发展之理进行比对，实理相照，拷问基础教育发展中存在的问题。

按照基础教育合理发展的动态行动逻辑结构，本书从基础教育合理发展的目标、手段以及结果三个方面展开一些理性的反思。按照这一逻辑架构，我们把基础教育发展中的问题概括为三个方面：一是在目标倾向上存在迷失发展方向的跟风式发展倾向；二是在方法手段上存在简单追逐利益的粗放式发展倾向；三是在结果追求上，一些理想发展推进特别困难。

（一）发展方向目标的追问

发展方向正确是发展目标得以实现的基本前提。反思中国基础教育发展的方向目标，我们发现基础教育发展在方向和目标上仍然有很多值得深入思考的问题。对这些问题的忽视导致基础教育发展方向和目标出现偏差，其突出的表现为价值诉求混乱导致的发展方向不明，或者是放弃对发展方向的适切性设计而盲目跟风发展。

1. 农村基础教育的城市化发展

农耕时代逐渐被击溃了，"农村"几乎成了落后的代名词。新兴的工业文明成为价值体系的主导，由此催生的城市也成为人类的新宠儿，进城生活成为生活的重要目标。于是任何有意义的活动都不过是为达成"脱离乡村、进入城市"这一目的的手段和途径。教育当然也不例外，它在形式上最受人追捧。上学，作为一种达成蜕变目标的手段有着得天独厚的优势。对城市的热切向往迅速与对教育功能的迷恋结合起来，通过农村教育实现"跨农门"而"进城市"的价值预设深深地植根于广袤的中国大地。这种价值预设至少在三个方面深刻地影响了农村基础教育的发展，导致了明显的农村基础教育城市化发展倾向。

首先是在发展目标上，这种倾向表现为农村基础教育迷失了自己的发展方向，经常在"离农"和"为农"之间痛苦挣扎。"离农"的农村教育发展方向主张农村教育要以城市为中心，培养离开农村、农业进入城市的人才而不是回归乡土的人才。"为农"的农村教育发展方向主张农村教育要以服务农村为主要任务，强调农村教育要为农村地区的经济和社会发展培养人才，有时"为农"的教育还被狭义地理解为"务农"的教育。这两种截然不同的发展方向背后其实是农村基础教育如何面对城市的问题。在当代中国社会，除了在政府宣传和文件规定中可以看到"为农"的农村教育主张外，广大的农村教育实践和农民子弟的教育价值诉求都体现出强烈的"离农"色彩。"离农"的教育显然可以归入城市化的阵营，然而"为农"教育的主张者也不尽然是反对城市化的。"为农"说到底是为了农村地区孩子们的发展。在当代中国，个体的理想发展几乎必然包括对城市生活的适应。从这个意义上讲，即使是"为农"的教育，仍然会体现出强烈的城市化倾向。

其次是在发展形式上，这种倾向表现为农村学校一心模仿城市学校，认为把学校办成城市学校的样子就是好的发展。农村基础教育阶段的学校模仿城市学校的校舍、校园，模仿城市学校的管理、制度，模仿城市学校对教师进行管理和考核。农村地区的教育投入加大，加之布局调整的影响，很多农村学校都在重建，当重建的资金不是问题的时候，摆在它们面前的新问题是要把学校建设成什么样。多数农村学校解决这个问题的基本思路就是模仿城市学校，它们认为城市学校都是好的，现在重建，那就要照着城市学校的样子建。于是农村学校就有了漂亮的楼房、气派的塑胶操场、大气的学校大门和校园围墙，楼顶的上方还要立几个镀金大字，有的甚至还要做类似城市景观灯的霓虹灯。十多年前，笔者曾作为顶岗实习指导教师走访了吉林省的九台、伊通、东风、梅河等几个县市农村地区的学校，发现这些地区小学的中心校的硬件建设已与城市学校相差不大，很多乡村以学校为核心的区域都成为当地最有城市化气息的区域。其实这背后有值得思考的问题：学校为什么一定要建成楼房？从教育发展的角度讲，建成楼房是否更有利于教育活动的进行呢？答案是不一定。只要教室窗明几净、安全舒适、功能齐全就可以了，建成楼房反而会增加安全隐患和麻烦。

农村学校除了硬件设施建设模仿城市学校以外，管理、制度等软件建设方面也模仿城市学校。农村学校建立的教学管理、班级管理、学生管理以及食堂和宿舍管理，包括教师考核等方面的制度规范都在模仿城市学校。有的地区在大规模地搞"委托管理"，即在保证学校产权属性不变的情况下，把农村学校的管理权外包给城市品牌学校。通过市级层面统筹，将中心城区品牌学校的管理输出到郊区农村学校，促进城市品牌学校文化向农村薄弱学校的主动传播。更令人不解的是农村学校的课程内容和班会主题也经常以严重脱离农村孩子生活的内容为主题，如"文明乘坐城市地铁""超市购物指南""公园里的垃圾桶"等经常成为教育活动的主题；教师布置的课后作业是"找广告牌上的错别字"，或者写一篇以"公园游玩""公交车让座""地铁站里的流浪汉"等为主题的作文。这些主题显然离农村孩子的生活比较遥远。这样的课程或者班会要么是在看教师一个人表演，要么是在逼迫孩子们编造各种谎言以应对。

最后是农村学校的教师工作、培训和评价也是以城市化为背景的。尤其是以教学能力为核心的好教师的标准，如教学基本功、教育技术使用、辅导学生参加各种竞赛、撰写以自己的教学心得体会为主要内容的专著，这些东西离农村教师都比较遥远。当然，这不是说农村就没有被认可的好教师。我们家喻户晓、报纸新闻媒体报道称赞的来自农村的好教师有很多，他们有一个共同的特征，那就是他们往往是以师德高尚为核心标准被认可。跟教学密切相关的教学能力则只有一个统一的城市学校教育标准，与之相关的教师培训也以城市学校教育的实际需求为主题展开。

原本城市学校才有的封闭式管理、家长接送、课后辅导班、请家教等做法与现象逐渐走入了农村和农村学校，有些农村学校甚至要带领农村孩子"郊游"，"参观果园、菜园"……我们不得不质疑农村基础教育阶段学校教育的这种几近疯狂的跟风式盲目模仿。因此按照本书所提到的合理发展立场来看，农村基础教育的这种城市化发展倾向显然属于不合理的发展。它违背了农村孩子身心发展所确定的教育规律之理，也违背了农村环境所确定的教育现实之理，在教育发展的价值诉求上又错误地以城市价值取向为中心，不能兼顾农村的教育价值取向。这种迷失方向的跟风式发展迫切需要教育合理发展理论的指导和关照。

2. 城市基础教育的西方化发展

与中国农村基础教育阶段学校发展的城市化相比，更为严重的是中国城市学校的西方化发展。就像农村学校的发展跟风城市学校一样，城市学校的发展存在跟风西方学校的现象。

首先是在观念上形成了西方的尤其是西方发达国家的做法总是先进的、好的、值得学习的观念。这样的观念一度深入中国城市学校的管理者内心深处，甚至连普通的家长和学生也动辄说人家外国的学校怎么怎么样。在教育实践领域一边倒地崇尚西方教育的同时，我们的教育研究人员也对此加了一把火。他们经常以"西方的什么什么对中国学校教育的启示与借鉴""×国学校教育中的什么什么对我国的启示与借鉴"等为题撰写论文和著作。这样的一唱一和直接让一些中国的学校教育失去了原本属于自己的发展方向和特色。

其次是在学校发展的各个层面跟风模仿西方学校。在学校管理方面，西方学校的管理被冠以先进之名，成为我们教育管理改革模仿的对象；在课程建设方面，西方学校的课程被冠以科学合理之名，成为我们课程改革、校本课程开发模仿的对象；在教学方式方法层面，西方学校的教学方法被冠以创新性、艺术性之名，成为我们教学改革、教师培训模仿的对象；在校园建设方面，西方学校的校园被冠以安全舒适之名，成为我们校园建设规划模仿的对象；甚至西方的学生家长也被冠以民主、和蔼、宽容之名，成为中国学校批评家长的参照系，也成为学校要求家长学习和模仿的对象；就连我们的校车上都要写"school bus"，校车侧面指示停车的标牌上也要写"stop"。这表明我们中国的大部分司机都通晓英语了，还是表明我们的模仿已经到了一种为了模仿而模仿的程度呢？

这样的教育发展同样是迷失方向的跟风式发展。中国学校教育发展前进的方向不是"西方化"，更不是"美国化"，而是应该有适合中国的合理发展方向和道路。盲目跟风西方学校来规划自己学校的发展不能成就中国基础教育的合理发展，这样的发展存在大量违背教育发展的现实之理、规律之理和价值之理的情况。西方学校面临的教育现实和中国学校面临的教育现实有巨大的差异，同样的做法在西方可能是符合它们的现实需求的，而在中国特殊的教育现实下则不一定是适合的。西方社会的政治、经济、文化与教育相互作用所形成的教育发展规律制约着西方学校的变革发展，我们盲目地去学习西方学校的变革与发展而不考虑其背后深刻的社会、政治、经济以及文化因素，同样是在以违背教育发展的规律之理发展学校教育。

3．幼儿教育的小学化发展

幼儿教育的小学化是指幼儿教育迷失了自己的教育宗旨，变成了小学教育的附庸，有的幼儿教育其实就是简单化了的小学教育。幼儿教育是面向个体发展的一个独立的阶段，它应有自己的教育方式、方法和宗旨，然而幼儿教育发展显然受到了小学教育的严重影响，幼儿教育小学化的现象日益增多。

小学化的幼儿教育脱离了学龄前儿童的身心发展规律与特点，在教育内容、教育方法、教育评价等方面向小学阶段的教育标准看齐。许多幼儿园无视儿童个体身心的实际发展水平，把小学的教育内容提前到幼儿园，尤其是一些幼儿园大班，甚至开始选用小学用的教育材料来进行教学，有的幼儿园所教内容甚至超过了小学一年级应掌握的水平。拼音、汉字和计算成为幼儿学习的主要科目。在拼音方面，要求幼儿掌握声母与韵母、能拼读、能书写；在计算方面，要求幼儿进行较大数位的加减运算；在汉字学习方面，要求幼儿会读能写。幼儿教育小学化倾向在教学方法上的主要表现就是将小学惯用的课堂教学搬到幼儿园。在这里，它们模仿小学班级里的情况，进行最初的课堂规范和纪律练习，并借助课堂的形式组织幼儿活动。这种教学方式主导下的幼儿教育通常只重视知识学习的灌输式教育，教师讲、幼儿听；教师做、幼儿看；教师领读、幼儿复读等死记硬背的传统授课与学习方式成为幼儿园教学常态。在教育评价上幼儿教育小学化似乎走得更远，组织各种与小学学习内容相关的比赛，如识字、拼写、计算等，甚至引入考试作为评价手段，将得分多少作为衡量幼儿发展健康与否的标准。遗憾的是，很多家长不但不反对质疑，反而很支持，这更助长了幼儿教育小学化的倾向。

教育学界曾在个体发展的问题上产生过"成熟优势说"和"学习优势说"的争论。成熟优势说主张个体发展的实现主要依靠个体自身的成熟，个体必须成熟到一定程度才能顺利地掌握相应的知识技能，并且认为一旦达到了成熟程度，个体由不会到会的过程就会变得非常简单，有的时候可能就是一个说明和指导，甚至一个暗示，知识技能就可被获得。学习优势说则认为个体发展的实现主要依靠学习和训练，无论个体的成熟水平如何，只要方法得当，花费足够的时间和精力，任何知识技能都能通过个体的学习及早获得。因此，发展是不需要等待个体成熟的，是可以通过学习来提前实现的。争论的结果就是我们接受了两种观点中的合理部分，认为个体的发展受到成熟和学习两种因素的影响，而且这两种因素都是不可忽略的重要因素。幼儿教育小学化很显然是在按照成熟优势说来面对儿童的发展，严重地忽略了成熟优势说所指出的成熟程度对知识技能获取的限制。因此幼儿教育小学化显然不是我们所说的合理发展，违背了教育发展的规律，迷失了幼儿教育本应有的发展方向。

4. 区域内的基础教育优先发展

教育优先发展的问题在《学会生存——教育世界的今天和明天》中被明确提出后，很多地区都开始提高和保障教育的投入。理论研究也将其作为一个重要的教育规律来对待，经典的教育学教材一般都会对其进行详细阐释。一般认为教育优先发展有两个内涵：一是纵向上，社会用于发展教育的投资要适当超越现有生产力和经济发展水平而超前投入。二是横向上，教育发展要先于或优先于社会上其他行业和部门而发展。在这样的思想倡导下，区域内的基础教育发展也跟风似的倡导优先发展。县或者乡镇一级的政府投入大量资金用于发展教育，有的还超出当地的承受范围，举债办教育。同样的做法也出现在家庭层面，家庭的所有支出中优先保障孩子的教育支出，并通过自己借债和国家贷款来保障孩子的教育支出。这是从政府到家庭的彻底的教育优先发展。

其实教育优先发展的预设逻辑是这样的：一个地区的教育发展获得了优先的投入，这种投入保障了该地区的教育能够培养出优秀的人才，甚至是能带来重大发明创造的先进人才，这些人才通过自己的工作服务为这个地区做出贡献，进而促进该地区的快速发展。这样的逻辑从表面看没什么问题，但是要保证逻辑结果的出现，需要确保两个小的逻辑前提：一是获得投入的教育是能够培养出有用的人才的。二是培养的这些人才留在了该地区工作服务，做出应有的贡献。保证第一个前提要求教育合理发展，用于教育发展的资金投入总量在合理的承受范围内；所发展的教育具有适合的结构，培养的人才在层次和专业分布上能够与社会需求匹配。如果培养出的人才不适合本地区的发展需求，那通过保障教育优先发展来促进本地区发展的预设结果就无法实现。第二个前提要求培养出的人才不能流失，要留在本地区工作服务，如果精心选拔出的地区精英，在接受了本地区投入大量资金的教育培养之后，成为出类拔萃的人才，却离开本地到外地去工作服务，那不光是促进本地区发展的预设结果无法实现，还是对本地区原有资源的一种掠夺。

现实世界中的教育优先发展显然没有处理好这两个前提。区域内的教育优先发展正面临着这样的问题，一些保障教育优先投入的家庭也正遭受着教育投资失败的折磨。县或者乡镇集中财力、物力优先发展教育，但是这种发展并没有给当地带来教育优先发展的预期结果。当地大量的优秀青年通过高考被选拔到各地上大学，大学毕业后，有些人确实成为优秀的人才，但是他们中很少有人会回到当地去工作服务，几乎没有为当地的经济发展做出任何贡献，反倒是他们的基础教育阶段花费了当地大量的教育资源，他们的大学阶段又从家里拿走了很多钱到上学的地方，甚至他们在城市成家后还要从父母那里拿一部分钱到工作的城市买房、买车。因此，从通过教育而实现"跃农门"的孩子来看，优先发展教育保障了他们的教育，实现了他们的美好发展，但变相地掠夺了投入财力、物力和人力兴办基础教育的乡镇和县城，掠夺了他们培养出的人才，也掠夺了当地的财力和物力资源。

优先发展教育的家庭也存在着教育投资失败的巨大风险。很多农村家庭倾其所有供孩子接受教育，不惜举债让孩子上学。经过基础教育阶段的持续投入后，还要"赌"高考，高考失败则前面的投入基本上就失败了；高考成功了，虽然意味着教育投资取得了阶段性的成功，但这并不能马上改变家庭的生活状况，有时甚至会让家庭生活变得更糟糕。首先要准备大学的学费，或者让孩子接受国家的助学贷款。其次是要持续地每年为家里的大学生准备大量的生活费。一般而言，一个大学生，四年大学下来可能要花费家里大约 6 万元钱。这对于农村家庭或者普通工薪家庭来说不是小数目。最后就是大学毕业之后的就业问题。不能顺利就业的话，这个家庭长达十几年的教育投资就面临着不能收取任何物质回报的局面。很多家庭因此而跌下贫困线。上完大学的孩子待业在家，基本没有农业劳动能力，也没有面对农业劳动的勇气，家里可能还会因为孩子上学欠着债务，甚至可能存在无法偿还国家助学贷款的情况。其实，这只是中西部欠发达地区教育困局的一个典型缩影，对这些地方和这里的家庭而言，教育到底是否该优先，真的需要慎重思考。

有人将这一切归结为大学生毕业后没有找到工作。那么如果找到工作了，情况就真的会好转吗？我们假定一个农村孩子从小学到大学毕业一路顺畅，大学毕业后也在城市找到了工作，即便如此，对中西部的贫苦农村家庭而言，接下来的生活也是举步维艰，因为他们面临着一系列更大的挑战。例如，属于自己子女的小家庭的建设任务摆在了他们面前，在城市里买房、结婚等各种大宗消费接踵而至。当然这已经跨出教育投资的范围了，但是我们回望一下，当一个经济条件不是很好的家庭选择了通过优先发展孩子的教育的决策时，他们的家庭注定要经历一个贫苦、坎坷、多变的过程。当这一切都心想事成地完成时，原来是这个家庭的顶梁柱的父亲、母亲，可能已经累倒了，或者已经成了疾病缠身、风烛残年的老人，更可悲的是，他们可能无法进入城市安享晚年，只能拖着老迈的身躯继续徘徊在原有的几近消亡的家庭中。

这样的优先发展教育，无论是地区还是家庭，都需要一个更为合理的规划，不顾一切地、盲目跟风地优先发展教育，显然不是一种合理的发展，教育中的跟风式的优先发展需要合理发展理论的全面审视。

（二）发展方法手段的追问

教育发展方式的转变是否一定要参考经济增长方式的转变呢？答案显然不是肯定的。教育活动有着自身的特殊属性，这些特殊属性决定了它不能简单地模仿和借鉴经济增长方式，它要有属于它自己的发展方式。历史上，经济领域的分工化发展、标准化发展、规模化发展、市场化发展都深刻地影响了教育发展，但发展的结果是教育逐渐脱离了自身的本真追求。因此教育是时候反思探索属于自己的发展方式了。笔者认为，经济领域中粗放式发展的若干思想已经深刻地影响了教育发展，在经济领域大力提倡由粗放式发展向集约式发展转变时，教育领域可能也需要一个转变。但是这个转变显然没有及时发生，教育领域中简单逐利的粗放式发展依然存在。

1. 基础教育的分工化发展

分工思想是经济学领域非常重要的思想，对社会和经济发展起到巨大的作用。从亚当·斯密到马克思，很多的思想家都高度重视分工对提高劳动生产率、促进社会发展的作用。马克思甚至认为，物质资料的生产是人类社会存在和发展的基础，而分工的发展史就是生产力的发展史，甚至可以说分工是生产力发展或劳动生产率提高的必要前提。在经济学中，亚当·斯密第一次系统地阐述了分工理论。他在自己的代表性著作《国民财富的性质和原因的研究》（简称《国富论》）中对分工的种类、起因、发展和制约因素以及分工所产生的巨大影响进行了详细阐述。

亚当·斯密认为分工有三种基本类型：一是工场手工业内部劳动环节的分工。二是社会上各个产业和行业的分工。三是国际分工，各个国家根据自己的资源、产业和传统所形成的优势产业的分工。他指出，分工不是人为的结果，而是一种普遍的社会历史现象。随着人类的发展，分工必然出现，它是个人精明的必然结果。分工之所以被如此重视还跟它的作用有关。这里我们仅选取经济生产领域中的分工可被教育模仿借鉴的部分加以分析。首先，亚当·斯密认为分工是提高劳动生产率、获得报酬递增的重要途径。他曾以制造扣针为例对此进行了形象的说明。工场主雇用了大量工人生产扣针，在没有分工的情况下，每个工人独立制作一枚扣针，工人之间不合作，各做各的。当引入分工后，工场将扣针的制作分成了从抽铁线、拉直、截切、磨尖到包装等18个环节。每个环节安排专人负责，而且只负责做一个环节的工作，由此工场的工作效率大大提高，平均下来，一个工人一天可制作扣针4800枚。分工的引入显然大大地提高了生产的效率。其次，亚当·斯密提出了"优势原理"。因为分工的引入，所以每个人都可以用自己的劳动来生产其最擅长的东西，然后用它去和别人交换，因为交换的存在，所以大家不用面面俱到地去生产自己需要的各种东西，而是只生产自己擅长的东西就可以了。同样，在一项整体的劳动中，个人的生产劳动就不用覆盖全部的生产过程了，他可以选择做他最擅长的劳动环节。每个人都做自己最擅长的环节，大家组合在一起工作，就可以更高效地完成整个生产。

在这里，我们可以总结出分工带来的三个重要变化：一是将一个完整的工作分为若干个环节，使原来负责整个工作的人只负责其中一个环节。二是为每个工作环节安排更为擅长或者适合的人。三是将一项工作原本所受到的时间上的限制打破，变成各个环节可以并行的一种规模化操作。这样的变化极大地提高了经济生产的效率，这种高效的生产方式迅速启发了教育活动。缓慢前行了几千年的教育终于按捺不住对工业生产急速提高效率的好奇，也开始尝试将分工思想引入自身的发展。于是，一个新的教育发展时代来临了。

分工在教育发展上的影响首先表现为教育内容的分类。一个学生要学的所有内容被分为若干个类别，然后各个类别安排专门的人员来完成。其次表现为教职人员的培养和选拔。鉴于各个类别的教育内容可以选择人员，所以就出现了被优势原理所影响的现象，尽量为每个类别都选到最为擅长和适合的人选，而且每个类别的教师的培养过程会因为省去了其他类别知识的学习而大大简化。最后表现为对学生的规模化教育。教育活动的分工实现了由原来对一个人按部就班的培养转变为可以按照先后顺序分期分批的培养，它使人的培养由个别化走向了规模化。因此，像生产中的分工一样，这样的分工带来了教育效率的极大提高。教师们不需要面面俱到地研习所有的知识，他们只需要选择一门知识来学习，所以他们的工作变得更为轻松，当然，也变得更为熟练和专业；同时，学生们所学的内容因为被分为各个小的模块，也更容易被教授和传播。教育活动不再只是面向单个个体的个性化活动，而变成了一种可以规模化操作的标准化活动。分工带来的高效率很快被教育接受，于是教育在分工思想的指导下，越走越远，越分越细。在对教育效率的疯狂追逐中，基础教育正将课程的精细化分割和教师的专业化养成视为发展的重要标准，基础教育在简单逐利的分工化发展道路上渐行渐远。

2. 基础教育的标准化发展

基础教育的标准化发展主要表现为在基础教育发展上寻求统一的标准，具体表现为标准化学校的建设。这种发展方式的提出有一个复杂的社会历史背景。1993 年中共中央、国务院发布的《中国教育改革和发展纲要》提出了"两基""两重""两全"的总体发展目标，其中的"两重"就提出要建设好一批重点学校和重点学科。在这一总体目标的指引下，基础教育阶段出现了重点学校、示范学校和普通学校的区别，曾经一度出现了"国家重点""省重点""市重点"等学校名号的现象，而且，普通学校和重点学校在资金投入、人才引进和政策扶植方面都有较大差异。加之中国社会不同地区间存在的发展差异，基础教育发展出现了极度不均衡的情况。当基础教育阶段的"普九"任务基本完成之后，基础教育发展迎来了"公平""质量""均衡"等一系列新概念。

标准化学校建设正是在这种大背景下出现的一种基础教育发展思路。其基本主张是要在基础教育阶段建立标准化学校，首先设立标准化学校建设标准，然后按照统一的标准，要求所有学校都具有标准化的投入、标准化的硬件建设、标准化的师资配备以及标准化的课程实施。

例如，有学者对标准化学校的建设进行系统研究后提出了标准化学校的建设标准：第一，要有标准化的办学规模，主要包括学校占地面积、校舍建筑面积、学校的班级数以及班额等方面。第二，要有标准化的基础设施，主要包括完成正常教学所必需配备的教学及辅助用房、行政办公用房、教学仪器和音体器械等。第三，要有标准化的师资队伍，每个学校都要配备数量相当、素质相当、年龄和专业结构合理的教师队伍。第四，要有标准化的课程，主要包括系统的普遍性知识和与生活息息相关的、社会发展所需要的新知识和新技能。还有学者从义务教育的性质出发，认为这种面向全体国民的教育，就其功能、性质而言，本身就应该是平等的、一致的。因此，标准化学校建设又获得了更深层次的理论依据。

一时间，标准化学校成为很多地方政府乃至国家所提倡的实现教育公平发展和均衡发展的重要手段。党的十八届三中全会在《中共中央关于全面深化改革若干重大问题的决定》中指出，要"统筹城乡义务教育资源均衡配置，实行公办学校标准化建设和校长教师交流轮岗，不设重点学校重点班，破解择校难题，标本兼治减轻学生课业负担"。标准化学校建设显然又将获得巨大推力。

标准化学校引发的基础教育标准化发展确实能在一定程度上促进教育均衡发展，但是从本质上讲，标准化发展是"一刀切"的思路，把教育发展的问题简单化，也是对教育发展进行方便管理的逐利追求。强行要求基础教育标准化发展可能会违背教育发展的现实之理。不同地区、不同文化背景下的基础教育都有着自己的发展传统和现实基础，按照统一的标准来发展基础教育首先面临的问题就是如何制定统一的标准，这个问题很容易演变为"消高就低"的平均主义，基础教育原有的传统和基础在遭到这个标准破坏的同时也会给"标准化发展"的落实形成巨大的障碍。

特色化是基础教育发展的应有之义，是基础教育在长期的历史演变中逐步生成的规律性结果，强行推行标准化也会伤害基础教育的特色化发展。最应警醒的就是标准化发展违背了教育发展的价值之理，会破坏基础教育的多样化发展。基础教育背后有着复杂的教育主体价值诉求，农村的和城市的、发达地区的和贫困地区的、民族地区的和汉族地区的，这些不同地区的教育主体对基础教育发展有着难以统一的价值诉求，会对基础教育发展提出多元化的价值诉求，基础教育也理应提供多样化的发展予以迎合，从而真正形成一个让人民满意的基础教育体系。

3．基础教育的规模化发展

经济学中有个反映单位产品成本和生产规模之间关系的 U 形曲线（图 2-1），这条曲线揭示了在一项生产活动中单位产品的成本和产品规模之间的关系。

成本曲线表现为开始阶段的边际成本递减和在边际收益递减发生后出现的边际成本递增，即生产一种产品需要两个方面的生产资料：

一是可以重复使用一定次数的机器设备资料，二是消耗性的原材料。一般而言，能够重复使用的机器设备资料都需要大量的投入。因此，当生产一个单位的产品时，因为需要备齐所有的生产资料，所以这一个单位的产品成本就包括机器设备的成本和原材料的成本，单个产品的成本比较高。当继续生产第二个单位的产品时，因为生产过程中需要的机器设备等生产资料可以重复使用，所以这部分成本不会再增加，只需要增加相应的原材料成本即可。因此，新增的这一单位的产品的成本——边际成本就会比第一个产品的成本要低。相应地，整个生产过程中产品的平均成本也会下降。随着产品的不断增加，边际成本会持续下降，整个生产过程的平均成本也会持续下降，直到达到图 2-1 中的 B 点，曲线又会开始上升，因为生产过程中的机器设备的使用次数是有限的，当产品生产量达到机器设备的生产极值时，如果还要继续扩大生产规模，就要新增一套机器设备，或者需要对机器设备进行新的投入。由此，整体的生产成本又会因新的投入而大幅增加，所有产品的平均成本也会随之增加。

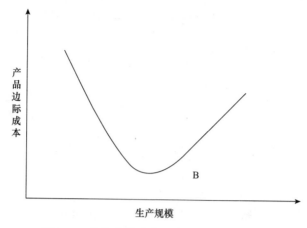

图 2-1 单位产品成本和生产规模关系曲线

　　这条曲线的存在促使人们在进行一项生产活动时明智地控制和选择生产规模，以便降低单个产品的成本，从而保证生产具有更高的效率。经济领域的这种通过控制规模而降低成本的做法也被引入教育活动。

　　学校培养一个学生的过程被理解为工厂生产一个产品的过程。按照现代学校教育中常用的班级授课制形式，即当班级中只有一个学生时，这个学生的培养成本也会非常高，因为学校要为这个班级配齐所有的教师和必要的教学设备。假设总的投入用 M 表示，这个学生的培养成本就是 M。当班级中有两个学生时，学校只需要新增很小的一部分消耗性的投入，就可以同时完成两名学生的培养工作。此时，如果忽略新增的那部分消耗性投入，那么培养每一名学生的平均成本就会下降 $M/2$。同样，当学生继续增加到 N 时，每个学生的生均成本就会继续下降为 M/N。但是班级人数不能无限制地扩大，当人数达到一定数量时，学校就会将其分为两个班，此时，又要为这个新班级配备教师和教学设备，于是增加了一个新的成本 M（假设两个班的投入一样）。那么这个时候的生均成本就变成了 $2M/N$。因此，我们可以看到，在班级的承受能力范围内，学生数量越多，其生均教育成本就越低，教育投入的使用效率也就越高。

同样的情况可以类推到一个学校所拥有的班级数量，班级数量只要在学校承受能力范围内，班级数量越多，其对教育投入的使用效率也就越高。在这种认识下，基础教育资源本就不太宽裕的地方政府，纷纷扩大班级规模和学校规模。因为这样可以提高教育投入的使用效率，或者说，为了完成相同数量的学生的培养任务，千方百计地保证教育规模，把生均成本降到最低，这样就可以在保证完成学生培养任务的同时尽量降低投入成本。

通过这种分析我们可以发现，学校规模效益与教育成本优化有着十分重要的关系，适当的学校规模可以充分地利用教育资源，有效地利用教育经费，使教育经费发挥更大的效益。上海市浦东新区社会发展局的一项实证研究表明，随着在校生数的增加，生均成本随之降低，当在校生数达到 1 300 左右时，生均成本达到最低值。之后，随着在校生数的增加，生均成本不降反增，逐步提高。如果仅考虑生均成本，不考虑其他影响学校规模的因素，学校规模的理想值为 1 311 人。当时浦东新区仅有 2 所学校是大于这个规模的，研究者随后便指出，其他学校有进一步节约成本的潜力。作者通过浦东新区的学校对此进行了进一步说明。随着学校规模的扩大，其生均成本呈现逐渐下降的趋势，凸显规模效益。当学校规模小于 400 人时，生均成本较高，许多学校的生均成本超过了 7 000 元；当学校规模为 400～600 人时，许多学校的生均成本为 6 000～8 000 元；当学校规模为 600～800 人时，许多学校的生均成本为 5 000～6 000 元；而学校规模超过 800 人后，其生均成本在 5 000 元左右。作者随后指出，学校规模超过 800 人时，其规模效益较为理想。

基础教育的规模化发展是一种简单逐利的发展方式。尤其是过于追求教育的规模效益而不顾教育发展的现实之理所进行的学校撤并和搬迁。这会导致基础教育阶段的学生增加个人的上学成本，如学校撤并后的交通成本、住宿成本，还有花在上学路上的时间成本。基础教育的规模化发展会人为地制造出巨型学校和超大班级。这种教育环境会影响教育质量的提高，伤及多元教育价值诉求的实现。不可否认，基础教育的规模化发展确实可以提高教育资源的使用效率，但是教育发展不能仅以节省教育资源、提高资源使用效率为出发点。基础教育发展应该考虑教育的实际效果，应该关注教育过程中学生、家长们的价值诉求，努力办成人民满意的教育。

4. 基础教育的市场化发展

基础教育的市场化发展主要表现为教育发展受到市场机制的强烈影响。在全社会推进社会主义市场经济建设的大背景下，教育发展显然会受到市场机制的影响。但是我们的基础教育系统作为具有公共性质的活动，并没有正式引入市场化机制，所以面对市场机制的各种诱惑，基础教育相关的管理和实践人员应该主动地抵制市场机制对基础教育发展的消极影响，而不是逐步显现出来的对市场机制的放任、默许甚至是私底下的鼓励行为。

笔者关注到的基础教育的市场化发展主要表现在教育在市场机制作用下强化各种选择权，而正是各类教育主体的选择催动了教育向特定方向的发展。这些选择突出地表现为家长择校而读、教师择校而进、政府择校而奖、学校择生而录、学校择师而用。其中，家长择校而读指向了基础教育的择校现象。在中国的基础教育中，择校成为一种禁而不止的现象。家长对学校的选择逐渐成为一种市场化需求，学校则循着这种需求进行自身的发展规划，从而为学校谋利、为自身谋利，学校本身应有的发展规划被家长的择校需求形成的发展规划所替代。教师择校而进也是通过选择而强化的一种市场化发展。优秀的教师人才对学校的选择形成了一种引导学校发展的市场需求，很多学校再次忘却了自身应有的发展规划而去迎合这种被教师们选择出来的需求。反过来，获得优势地位的学校对学生和教师形成了一种需求导向，择生而录的招生权强化了学生之间的竞争，也选走了优秀的生源；择师而用的招聘权强化了教师人才之间的竞争，也选走了优秀的教师。对优秀生源和师资的选择导致学校的优势地位越来越稳固，也因此在基础教育学校之间形成了"高低贵贱"的学校生态。

这种逐利的选择有违教育的公益性，是违背教育发展的价值之理的不合理发展倾向。尤其在以质量提高和促进公平为主要任务的基础教育发展的新时期，通过市场化导向将学校、学生、教师分为三六九等的做法显然是不合时宜的。学校的差异则是可以控制的，我们可以通过资金、师资调配等手段使学校大体处于相同的发展水平，同为为学生提供基础教育的学校，不应被区分为三六九等。学生的差异是不可控制的，但是如果根据这种差异将他们分成不同的层次并分别送入不同的学校、安排不同水平的教师，那我们的基础教育的基础性何在呢？

（三）发展结果诉求的追问

基础教育发展有很多结果诉求，如公平、均衡、满意等，那么诸如此类的发展诉求是否真实地表达了人民的教育需求呢？我们有关基础教育发展的各种投入和努力又是否推动其向这些诉求不断地靠近呢？

1. 公平发展缺少对微观教育领域的关怀

教育公平发展是教育的美好理想，也是社会发展的美好理想。由于时间和财力等诸多因素的制约，过去几十年来我们在努力实现这个理想时更多的是在宏观层面发力，对于微观教育领域中的教育公平缺少足够的关怀，以至于在由教育公平理论研究、教育公平发展政策、措施以及教育发展数据等所彰显的教育公平程度明显提高的同时，处于教育实践中的学生、教师、家长却对教育公平有了更多的埋怨和忧虑。教育公平发展的学术研究水平不断提高，但对微观教育领域的研究还有很大空间。就内容而言，当前教育公平的研究多集中在教育权利平等、教育机会均等、教育资源配置平等、差异和补偿原则等宏观、中观层面，缺少对于微观教育领域的课堂教学、师生交往、学生管理等内容的关注。从研究的层次来看，主要是理论研究和经验研究，缺少更贴近微观教育领域的实证研究，2002—2012 年发表的教育公平相关研究论文中，90% 以上都是理论研究和经验研究。无论是研究内容还是研究层次，都表明我们对教育公平的研究仍然主要集中在宏观层面，缺乏对研究对象的微观分析和精确探讨。

与教育公平的学术研究一样，推进教育公平发展的实践也明显地集中于宏观层面。2007 年，党的十七大报告提出"教育公平是社会公平的重要基础"的重要论断，各种促进教育公平发展的政策文件和保障措施不断出台，如在受教育权利方面以政策文件的形式予以保障，在教育资源配置上对基础薄弱地区和弱势学校进行补偿倾斜，在受教育机会方面采取公开考试、招生名额有针对性地分配等措施予以调整等。应该说，在这些措施下，教育的政策性公平和质量性公平程度都有明显提高，但是具体到微观教育过程中，道德性公平问题却逐步凸显出来。例如，教师课堂教学中的提问、表扬，对学生考核评价时的打分和评语，学生管理中的分班、教师分配、班级内的座位排定、班干部委任、对学生的奖惩，还有更为细微的师生私下单独交流等，都成为教育公平理论研究和实践探索必须面对与解决的新问题。

2. 均衡发展对症下药难医病根

20 世纪末，我们基本实现了普及九年义务教育的目标，实现了人人都"有学上"的伟大目标，但是，大家上的"学"却存在巨大差异，人人"上好学"的基础教育价值诉求日益强烈。因为我国仍处于社会主义初级阶段，各地经济发展不平衡，城乡二元结构矛盾突出，基础教育发展在城乡之间、地区之间、学校之间的差距依然存在，在一些地方和有些方面还有扩大的趋势。

鉴于教育均衡发展的内涵是由教育发展不均衡的问题倒推而来的，当我们面对这样的教育均衡发展概念时，会发现它实际上与原本的教育公平和教育平等思想的追求是一致的。例如，有学者指出教育均衡实质上是指在教育公平思想和教育平等原则的支配下，教育机构、受教育者在教育活动中享受平等待遇的教育理想和确保其实际操作的教育政策与法律制度。在教育公平思想的指导下，结合我国基础教育发展现实，教育均衡发展就有了明确的内涵。它要求在教育机构和教育群体之间平等地分配教育资源，以达到教育需求与教育供给的相对均衡，并最终落实在人们对教育资源的分配和使用上。在个体层面，教育均衡指受教育的权利和机会均等；在学校层面，它要求区域间、城乡间、学校间以及各类教育间教育资源均衡配置；在社会层面，它要求教育所培养的劳动力在总量和结构上与经济社会的发展需求达到相对均衡。因为教育均衡发展的提出是面向非均衡发展的问题的，所以其操作内容指向也比较明确，大体可以分为两个部分：一是为缓解不均衡问题而设计的内容。这部分更多的是手段问题。二是对基础教育均衡发展结果的设计。这部分更多的是理想愿景问题。前者一般包括三个方面：一是教育经费投入的基本均衡，包括大致均衡的生均教育经费、生均公用经费、基本建设与改造资金支出等；二是办学条件的基本均衡，包括学校规模、仪器设备、图书资料、文体器材和信息化水平等诸方面的均衡；三是人力资源的基本均衡，主要是指教师的学历、素质、年龄结构等的大致均衡。后者则与传统教育公平和教育平等的理想基本一致，一般都会提到教育机会的均等、教育结果的均等等方面。但是实践领域的基础教育均衡发展并非一帆风顺，基础教育均衡发展正遭遇着平均主义的误读、重点主义的不屑和特色主义的攻讦。均衡发展在实施上最容易被误解为平均主义。均衡发展一般都提倡要确保学生有平等的受教育权利和受教育机会；要确保学生在包括教学内容、教育经费、教育设备、师资水平等方面在内的教育过程中受到平等的对待；要确保教育成功机会和教育效果的相对均等。这些平等对待和相对均等的要求在指向基础教育管理时，往往会被操作成给所有学校提供相同的经费、配备标准化的设施和师资队伍。教育均衡发展逐渐被误解为一种削峰填谷的平均主义。均衡发展的倡导遭到重点学校的抵制。就一个地区有限的教育资源而言，如果资源分配方面表现出鲜明的扶助弱势学校的倾向，那么重点学校原本能够获得的资源就会受到影响。因此，重点学校往往会在某个层面不配合地区教育均衡发展政策，甚至公然抵制。有的重点学校借助业已形成的影响力继续保持并扩大发展优势，鼓励和默许家长们选择已经名声在外的重点、名师和高升学率学校，无视教育均衡发展政策。均衡发展还遭到特色主义的攻讦。学校发展的特色主义倡导建设特色学校，认为学校和人一样，千差万别。因此学校在建设和发展上必须保持区别、体现个性。唯有建设特色、成就特色，才能更充分地展示学校自身的存在价值，并在竞争中立于不败之地。教育均衡发展的理想样态包含了很多关于平衡、统一、一致的发展要求，这与学校发展的特色主义显然会有诸多冲突，在实际的教育发展中，均衡发展正遭遇着特色主义的多种攻讦。从教育均衡发展的提出和其基本内涵与操作内容来看，教育均衡发展属于一种对症下药式的发展倡导，这样的发展不能从根本上治好基础教育发展不均衡的顽疾。它的提出和其基本主张完全围绕基础教育发展不均衡这一病症而展开，是一剂促进基础教育摆脱问题、实现健康发展的良方。从这个意义上讲，基础教育以均衡发展为指导理念，就成了以一纸药方为指导理念的发展。从发展属性上讲，均衡发展并不是在探索基础教育的发展方向，它只是在努力地调整基础教育出现病态的发展状态，或者说在追求一种健康的发展状态。从发展功能上讲，均衡发展只是一种弥补性的发展倡导，而不是建设性的发展倡导。它尝试弥补有问题的发展造成的损失，而不是在倡导一种更有活力的发展构想，为基础教育指明一个新的发展方向。

3．布局调整被简单化为撤校并点

学校布局调整是教育健康发展的重要手段，在适龄入学儿童总数和人口流动因素的影响下，学校布局要作出适当调整，以适应教育发展的需要。这一手段在具体应用上包括对学校如何分布、学校建多大规模的总体规划，也包括要实现这一规划对学校所进行的搬迁、新建、扩建、撤销、合并等具体措施。中国基础教育遭遇了适龄入学儿童总数下降和人口流动性加剧的双重影响，教育行政部门不得不对中小学校进行较大力度的调整。布局调整成为一项提高农村基础教育质量、推进教育均衡发展、促进教育公平的重要举措。但是，布局调整在各地基础教育发展的实际过程中被简化为撤校并点运动。很多地方的学校布局调整实际就是撤校并点，甚至有的教育局还将每年撤并多少所学校作为地区教育发展的目标，将地区内的学校控制在多少所以内作为教育发展成果。据北京 21 世纪教育研究院发布的《农村教育布局调整十年评价报告》显示，2000—2010 年，中国农村平均每一天就要消失 63 所小学、30 个教学点、3 所初中，几乎每过一小时，就要消失 4 所农村学校。

学校布局调整被简单化为撤校并点的问题逐渐得到国家的重视，2012 年 9 月，国务院办公厅下发的《关于规范农村义务教育学校布局调整的意见》提出"在完成农村义务教育学校布局专项规划备案之前，暂停农村义务教育学校撤并""坚决制止盲目撤并农村义务教育学校"。

在生源减少和生源外流的教育现实条件下，学校布局调整必然涉及撤校并点，但不能因此将布局调整简单化为撤校并点。布局调整作为在中观层面影响基础教育全局发展的重要举措，还要关照均衡发展的问题、教育效率的问题、就近入学的问题、教育文化的问题等，因此学校布局调整要思考的问题远不止撤校并点那么简单。

4. 人民满意的教育被误读为完全理想化的教育

关于人民满意的教育的设想如仅从字面出发，确实会勾勒出一套完全理想化的教育体系。其实这是一种误读，将人民满意的教育误读为完全理想化的教育。这种误读导致了过于悲观和过于乐观两种极端教育发展预期。

过于悲观的教育发展预期认为，以我国当时的实际国力和发展水平，要办好人民满意的教育是不可能的。因为我国的整体发展水平仍然不高，教育资源，尤其是优质教育资源仍然是非常短缺的，不可能充分满足人民对教育特别是对高水平教育的需求。同时，国家不可能不考虑社会经济发展和公共需要的其他方面，包括公共卫生、安全、社会保障等方面的需求，而仅仅满足人民的教育需求。持这种倾向的人往往对办好人民满意的教育没信心，甚至是不支持。过于乐观的教育发展预期则把办好人民满意的教育理想化，不考虑我国现阶段的实际而赋予"办好人民满意的教育"许多过于理想化的内容和要求，如设想所有学校都具有统一的办学条件、师资队伍，所有学校的入学机会应该绝对平等，等等。这些超出中国社会实际发展水平的教育需求是不符合教育发展规律的，以此作为人民满意的教育的标准显然不利于落实办好人民满意的教育。因此，人民满意的教育不能被等同于完全理想化的教育，处于特定历史阶段的教育要想成为人民满意的教育，不是去追求教育的最优化和完美性，而是要去追求教育的合理化和可接受性。

第三章

基础教育科学发展的规模

第一节　基础教育科学发展的规模要求

从都有学上到都能到适合自己孩子的学校上学，这种转变是人民群众对基础教育发展满意度提高的一个重要评判指标。让所有的孩子都能到适合自己的学校上学反映的其实是基础教育总体上的供需平衡问题，反映在基础教育发展方面，主要是基础教育的数量规模发展问题。

本书所指的基础教育的数量规模可以从宏观和微观两个层面理解。宏观的基础教育数量规模可理解为一个地区基础教育阶段的所有学生数量、学校数量，各个学段的学生数、学校数等；微观的基础教育数量规模则是具体到基础教育某个阶段的一个学校的在校生数量或者一个班级的人数等。因此，基础教育阶段的数量规模是一个非常复杂的概念。它涉及特定地区的幼儿园、小学、中学、普通高中等学校数量和总的学生数，也会涉及特定学校的在校生数和班级人数。这些数量的形成和确定有些是可以人为操控的，有些则是无法操控的。要想使基础教育的数量规模合理发展，一定要弄清楚这几个问题：哪些数量规模是能够人为操控的？哪些是不受人为操控的？能够人为操控的要依据什么来进行操控？不受人为操控的数量规模本身又遵循着什么样的发展变化规律？对上述问题的科学回答就是我们对基础教育保有合理的数量规模所提出的总体要求。

（一）受控的总量供给与不受控的总量需求

1. 基础教育数量规模的总量供给是受控制的

就大多数基础教育活动的公益性质来看，基础教育的总量供给是一种受到人为控制的结果。公立基础教育的办学资源一般来自政府，因此，公立基础教育的数量规模受到政府的直接控制。部分非公立的基础教育的数量规模也受到政府的严格管控。从整体上看，举办能够容纳多少学生的基础教育、基础教育的各个阶段保有多大的规模比例、开设多少所学校、一所学校能够容纳多少学生甚至一个班级可以有多少学生，这些数量规模一般都受到政府行政命令的制约。从这个意义上讲，基础教育数量规模的总量供给是受控的，是可以人为调整的，而且这种调整会对基础教育的发展产生深刻的影响。例如，如果某个学段的供给量不足，那么这个学段的入学问题就会出现激烈竞争，这种竞争又会增加学生的学习负担、学校以学生成绩为标准进行排名，进而引发家长们的择校等各种衍生问题。如果某个学段供给量过大，会引发教育资源闲置、浪费和学校抢夺生源等问题，当然还会有一部分人因为接受本来不需要或者不适合的教育而萌发教育无用论、教育负功能论等的想法。

既然是可以控制和调整的，那么接下来的问题对基础教育发展就至关重要了——依据什么来进行调整？合理发展的基础教育数量规模显然不能是哪个人随意调整的结果。对基础教育数量规模的调整要有一套科学合理的依据，而不能随意进行。

对基础教育的数量规模进行控制的基本依据，应是社会发展对基础教育提出的客观需求以及基础教育发展的内在规律，应根据社会发展程度对学前教育、小学教育、初中教育和高中教育的规模进行适当调控。在社会发展水平不高的时期，处在基础教育两端的学前教育和高中教育规模相对较小，而中段的小学教育和初中教育规模则相对较大。随着社会发展程度的逐步提高，在完成普及小学和初中教育的任务之后，学前教育和高中教育也产生了普及的需求，此时整个基础教育的规模在各个层次趋于一致。另外，在高中教育阶段，要根据社会发展来调控普通高中和职业高中的比例，学校、班级保有多大规模要依据教育发展的基本规律来决定。不同的基础教育阶段对学校和班级的规模要求也不同，此处尤其需要警惕的，是简单地将经济学领域中追逐学生培养的低成本和教育资源使用的高效率的经济规律应用到基础教育发展的数量规模调控上来。

2. 基础教育数量规模的总量需求是不受控制的

当基础教育的程度和受教育的对象确定后，基础教育的需求总量则是一种可以测算的客观存在，其规模大小不受控制，或者说它是由非人为的生产力发展水平、人口总量和年龄结构等客观实存的数据决定的。生产力的发展水平决定着基础教育供给的广度和深度。生产力发展水平较低的社会对基础教育传递的知识技能的深度要求较低，对基础教育供给的广度也没有太高的要求。相反，生产力发展水平较高的社会则对基础教育传递的知识技能的深度和广度提出更高的要求。社会成员适应基本的生产生活所需要的知识技能需要在正规的学校教育系统中经过若干年的学习才能获得。此时的基础教育要保持一定的供给规模才能维持社会的正常运转。因此，一个社会的基础教育数量规模的需求总量是可以根据人口总量、年龄结构以及社会的生产力发展水平进行综合测算得出的。

（二）规模形成的为与不为

基础教育发展的规模和数量的供给是受到控制的，但这并不意味着可以随意调控基础教育的规模和数量。基础教育合理发展除了知道可为与不可为之外，还要在规模控制的可为方面明确为与不为。本书认为在基础教育规模控制的问题上要坚持常规规模自然形成和极端规模主动调控的原则。

1. 常规规模自然形成原则（不人为设定规模）

本书所指的常规规模不是一个严格的学术概念，其泛指学校的在校生数和班级的学生数都在一个普通的、常见的范围内。这个范围与我们当前的教育发展实际密切相关，也与教育活动的规律密切相关。例如，一个班级的规模形成要受到普通教室大小的限制，如果说教室大小可以重新建设的话，那么班级规模还要受到教师讲话声音传播的远近、学生看黑板的距离等规律性的限制。总之基础教育规模发展的常规规模自然形成的原则要求我们不要刻意地设定一个过大或者过小的规模，也不要刻意规定某所学校必须符合一个不能变化的在校生数的要求，要给规模形成充分的自由空间，只要在常规规模范围内，就不要对其发展进行人为限制。

2. 极端规模主动调控原则（防止过大和过小）

与常规规模相对，本书所指的极端规模也不是一个严格的学术概念，它泛指规模过大或者过小的情况。学校在校生人数过多或者过少，班级学生数过多或者过少，都构成这里所说的极端规模。当学校教育出现了班级或者学校的极端规模时，正常的教学秩序就会受到影响，教学质量也不能保证，甚至会导致教育资源的不合理使用等。极端规模主动调控的原则要求我们当学校或者班级出现极端规模的情况时，要去主动地调控，使其恢复到常规规模。也就是说，在基础教育发展中，不能放任学校和班级的肆意发展，要主动对其进行人为调控。

（三）规模形成的影响因素及其影响范围

按照合理发展的理论框架，基础教育规模的合理发展显然受到规律之理、现实之理和价值之理的约束。其背后即基础教育规模形成的影响因素，准确认识影响因素的性质和影响范围是实现基础教育合理发展的基本要求。

1. 规律之理影响着教育规模、教育成本和教育质量之间的关系

教育发展模仿经济发展的做法，教育学也借用经济学的理论。当将经济学中的一些基本理论套用在教育规模问题上时，我们确实可以得出一些基本的教育规模形成和变化的规律。在一定范围内，学校规模越大，生均成本越低，形成教育规模经济；超出这个范围，学校规模如果持续扩大，就会衍生出管理僵化、质量低下、学生参与活动积极性不高等问题，导致教育规模不经济；在教育规模经济时，虽然生均成本在持续减少，但学生和家庭的私人教育成本可能增加；在不能保证教育的基本规模（规模过小）时，教育的成本会比较高，但教育的质量可能仍然比较低。这些演算反映出教育的规模、成本、质量以及教育资源投入等方面相互作用的基本关系。了解和掌握这些基本关系后，我们就能针对教育规模的某一个方面进行理论层面的解释、预测和控制。

2. 现实之理影响规模和数量形成的基础与发展起点

当下所研究的基础教育发展不是从零开始的。基础教育发展作为一个向上、向前的变化过程，要有一个起点。基础教育发展的现实之理所包括的某一地区既有的适龄入学儿童的数量、学校数、教师数、教育设备数等数量，构成了教育规模和数量形成的起点。一个特定地区的基础教育发展有着一些现实的基础。学生的发展水平、地区的教育发展水平、教育资源的投入能力、教育期望传统等，都是教育发展无法绕开的现实基础，也是基础教育发展面对和改造的对象。规划和设计一个地区的教育发展蓝图，绝不能抛开这个现实的起点和既有的基础进行盲目的凭空设想，当然也不能结合它们而进行简单的移植借鉴。因此要明确，基础教育发展的现实之理在发展起点和发展基础层面影响着基础教育的数量与规模。

3．价值之理规定了人们需要什么样的学校和班级

基础教育发展的价值之理反映的是人们的教育价值诉求。这些价值诉求具体到基础教育的规模和数量层面，就是人们理想中的学校应该是多大规模、班级应该有多少学生。或者说保持多大规模的学校，是最适宜行政管理、最有利于高效地使用教育资源、最能够有效地降低生均成本的。再或者说，学校的规模保持在多大可以覆盖一个适合的区域，以便让这个区域的学生能够舒适地上下学。此外，保持一个班级有多少学生，才会让学生觉得满意、教师觉得可控、家长觉得合理。

从以上分析可以发现，对于不同的主体来说，教育价值之理所规定的基础教育数量规模会有所不同。因此我们需要明确，在讨论价值之理的基础教育数量规模时，其背后的主体是谁。人们期望的学校和班级规模应该是多元主体价值博弈的结果。不同的价值选择将会带来不同的学校布局决策，也会形成不同的基础教育数量规模发展态势。以生均成本为例，扩大教育规模可以显著降低生均成本，提高教育资源使用效率，甚至降低教育资源投入的总量。那么我们要思考，在这个过程中，生均成本的降低是谁的价值诉求呢？我们可以明确地回答这至少不是学生的价值诉求。对于学生来说，学校如果刻意追求教育规模经济效益，可能会增加学生的上学成本。学校规模大导致覆盖地区扩大，学生上学路上要花费更多的时间成本和路费等物质成本，学校覆盖范围过大还会催生寄宿制，寄宿则将给学生和家庭带来额外的经济负担与不便，增加教育成本。由此看来，学校在扩大规模、降低教育成本的同时，学生自己承担的教育成本可能会上升。同样，在大规模的班级中，伴

随生均成本的降低，学生获得的教育影响也会大打折扣。假设教育影响平均地作用于每个学生，如果教育影响总量为 T，对于 60 人的班级来说，每个学生获得的影响是（1/60）T，如果是 30 人的班级，每个学生获得的影响则是（1/30）T。显然，班级人数越少，学生可以获得的影响就越多。这种分析表明，与教育数量规模密切相关的生均成本背后有着复杂的主体诉求，关照不同主体的教育诉求会有不同的教育数量规模，要回答清楚人们到底需要什么样的学校和班级的问题，显然首先要考虑清楚的是这里的"人们"代表了谁。

4．三"理"协调，实现基础教育数量规模的合理发展

基础教育数量规模的形成受到多个因素的影响，单独以某个因素为依据来调控基础教育的发展规模，很难实现真正意义上的合理发展。仅关注基础教育数量规模形成的规律之理，容易陷入脱离实际的学究主义。例如，面对学校小而学生多的情况，仍然坚持不能扩大班级数和班额的理论遵循，可能会导致学生无学可上的更大问题。或者当面对生源分布稀疏的教育现实时，学校大而学生少，仍然坚持规模化的班级授课制的理论遵循，显然在实践中也不具有可操作性。仅关注基础教育数量规模形成的价值之理，则容易陷入理想主义，不顾现实，也不遵循规律，仅按照理想的设计去管控基础教育数量规模的发展，最后只能是理想落空，教育发展受阻。仅关注基础教育数量规模形成的现实之理，则容易陷入经验主义。没有科学规律的指导，没有合理价值取向的引导，基础教育数量规模的发展同样不能达到预期状态。按照基础教育合理发展的理论分析框架，我们应该坚持三"理"协调，将影响教育规模形成的规律之理、价值之理和现实之理综合起来，在三"理"协调统一的基础上实现基础教育数量规模的合理发展。

第二节 基础教育科学发展的规模现状

中国的基础教育是世界上规模最大的基础教育，其数量规模的发展影响着亿万中国家庭。在日常生活中我们关注的很多教育热点、难点问题的背后其实就是教育数量规模发展的问题。

（一）基础教育各学段数量规模变动态势

如前所述，笔者所关注的基础教育集中于学前教育、小学教育、普通初中教育和普通高中教育。这些学段所对应的学校分别为幼儿园、小学、普通初中和普通高中。根据教育部网站公布的教育统计数据，本书对 2000 年以来各学段的学校数、在校生数进行了对比，并计算了各年度的平均在校生数，以此粗略地反映基础教育各学段的数量规模的变动态势。通过对比发现，2000—2012年，我国学前教育在园儿童数量急速增加，小学和初中阶段在校生数量持续减少，普通高中在校生数量由增长趋于平稳。

1. 学前教育数量规模正急速扩大

根据教育部网站公布的统计数据，2001 年全国共有幼儿园 11.17 万所，之后逐年小幅增加。自 2004 年起，幼儿园数量增速加快，至 2012 年，全国幼儿园的数量已经达到 18.13 万所。11 年的时间里，幼儿园数量猛增了近 8 万所。与幼儿园总数同步增长的是幼儿园的在园儿童数量，2001 年到 2003 年是逐年小幅增加，自 2004 年开始，增速加快，2010 年开始更是快速增加，到 2012年，全国幼儿园在园儿童总数已经达到 3 685.76 万。2001 年到 2012 年的 11年里，幼儿园的在园儿童数量增加了近 1 664 万人，平均在园儿童数量也由

2000 年的 128 人增加到 203 人。应该说，进入 21 世纪，基础教育中的幼儿教育段在整体规模的各个方面都呈现了显著的扩大态势。2010 年，国务院《关于当前发展学前教育的若干意见》要求各地编制和实施"学前教育三年行动计划"，很多地区的"行动计划"都提及扩大学前教育的规模，增办幼儿园，大有普及学前一年教育的趋势。

2．小学教育数量规模持续减少

教育部网站公布的统计数据显示，2000 年小学在校生 13 013.25 万人，之后逐年减少，到 2012 年小学在校生数还有 9 695.90 万人，12 年的时间里减少了 3 317.35 万人，降低超过 60%。与此同时，全国的小学学校数量也在快速减少，2000 年全国有小学 553 622 所，到 2012 年全国有小学 228 585 所，减少了 325 037 所，降低了近 60%。学校数量的减少速度超过了在校生数的减少速度，所以平均在校生数呈现出增加的趋势，2000—2012 年，平均在校生数由原来的 235 人增加到 387 人。基础教育小学阶段的规模在进入 21 世纪后，其在校生数和学校数都持续减少，尤其是学校数，减少的速度非常快，而进一步的统计数据表明，学校的减少主要发生在农村地区，大量农村小学在学校布局调整中被撤销合并。

3．普通初中数量规模持续减少

普通初中的在校生数在 2000—2012 年先是经历短暂的增加，之后也进入逐年下降的阶段，下降幅度也比较大。与在校生数最多的 2003 年相比，2012 年初中在校生数下降为 4 763.1 万人，9 年时间减少了 1 900 多万人，降低近 50%。学校数也迅速减少，从 2001 年的 6.39 万所减少到 2012 年的 5.3 万所，降低也接近 40%，在校生数则始终在 1 000 人左右变动。整体来看，2000—2012 年，初中在校生数量和学校数量也基本呈现下降趋势，与小学相反，学生数减少的速度要快于学校数减少的速度。随着小学学龄儿童的持续减少，初中的生源也会受到影响，所以，初中的在校生规模和学校数未来都可能继续减少。另外，从平均在校生规模看，初中学校的规模一般要比小学大很多，一般是小学学校的 3 倍左右。

4. 普通高中数量规模由增趋平

这一时期的普通高中阶段在校生呈现了先增加后趋于稳定的变化态势。2000 年到 2007 年逐年迅速增加，从 1 201.26 万人增加到 2 522.4 万人，增加近一倍。2008 年开始，全国普通高中的在校生规模基本稳定在 2 400 万人。学校数量在 2000—2012 年呈现了先增加后减少的变化趋势，但是增幅和降幅都不是很大，2012 年全国有普通高中 13 509 所。平均在校生数呈现出逐年增加的趋势，2000 年普通高中的在校生数为 825 人，2012 年增加到 1 826 人，增加了一倍多，增长幅度较大。与小学和初中不一样的是，普通高中的数量规模呈现出由持续增长到逐步稳定规模的发展态势。高中学校的平均在校生规模也比小学和初中大，一般是初中学校的 2 倍左右、小学学校的 6 倍左右。

（二）教育数量规模发展中的问题

1. 学前教育数量规模急速扩张带来质量隐患

学前教育迅速发展成为不争的事实，新办幼儿园、扩建幼儿园纷纷列入各地"学前教育三年行动计划"，但是各地幼儿园频频爆出的负面新闻给幼儿教育的快速发展蒙上了一层阴影。学前教育的数量规模急速的扩张给学前教育带来了很多质量隐患。

2. 小学和初中教育发展疲于应对生源缩减的教育现实

前面的数据显示，近十年来，小学和初中的在校生规模持续缩小，而且缩小规模比较大，小学在校生规模缩小 30%，初中缩小 50%。短时间内学生的大量减少会给学校带来比较大的冲击，如校园校舍的空置、教育设施的低使用率、教师的低工作量、学校士气低落、人才流失等。面对生源缩减带来的教育现实，一些中小学校在自身发展方面疲于应付，导致了很多因为教育规模数量变化而产生的问题。为了保证学校的生源，撤并学校成为最基本的发展思路。有的是将邻近的几所学校合并为一所学校，将学生和教师及各种教育资源都集中到一所学校；有的是以生源较多的村镇为中心新建、扩建中心校，将学生和教育资源都集中到中心校，以继续维持规模化办学。学生集中后，学校的覆盖范围扩大，原本只需步行就可上学的学生现在遇到了学校离家远、上学难的问题，于是出现了大量寄宿在学校的寄宿生，紧接着就是寄宿制带来的宿舍、食堂安全问题，寄宿费使学生家庭教育负担增加的问题，寄宿需要的食堂和宿舍建设经费问题，低龄寄宿学生的生活照料问题，寄宿制影响学生亲情发展的问题——除了寄宿在学校之外，应对离家远、上学难这一问题的措施中还有校车制——安排若干辆校车，接送学生上下学。这同样会产生校车安全问题、校车购买或者租用的经费问题、校车以及校车司机管理的问题、学生校车使用的缴费问题——面对这些复杂烦冗的问题，尤其是超出了学校教育系统的范围的问题，中小学校疲于应付。

3．极端的学校规模

鉴于人们通常将发展理解为由少到多的变化过程，所以一所学校的发展显然包括学校在校生人数由少到多的变化过程。甚至可以说，学校的在校生人数由少变多了，我们往往就判定学校发展了。这样的发展有没有尽头呢？学校发展是不是意味着学校的在校生人数要一直增长下去呢？一所学校应该有多少学生？这都是值得深入研究的问题，而且对学校教育的价值诉求不同，对学校理想规模的设计可能也会有不同的答案。如果一所学校在发展过程中出现了极端规模，那么基本可以判定，这所学校的发展肯定出了问题。本书所指的极端规模包括两个方面：一是规模极大的学校，二是规模极小的学校。

随着规模极大的学校越来越多，规模过大引发的教育问题也越来越突出。有学者研究指出，规模过大的学校至少存在如下四个方面的问题：首先，规模过大的学校加重了教育资源分配的不均衡。大部分规模过大的学校都是在原来示范校或者优质校的基础上，通过合并、扩建等方式建立起来的。这种学校在扩大了自身的同时，也拉开了与普通学校的差距，加剧了校际差距，导致普通高中两极分化严重。其次，超大规模学校会降低学生享有的教育关照度。所谓教育关照度，有两种含义，从学校层面来说，是指一支教师队伍中的每位教师在一定时空范围内关心与照顾学生的程度；从班级层面来说，是指在一个班级单位内，教师对每个学生关心和照顾的程度。规模过大的学校往往会因为学生过多而导致每个学生享受到的来自教师的关心和照顾相应地减少。这显然不利于学生的发展。再次，规模过大的学校还容易短时间内雇用大量新教师，导致教师队伍结构失衡，整体的教师素质下滑，而且容易出现群体性的教师职业倦怠。最后，规模过大的学校校园安全隐患多。校园内的食堂、宿舍、操场等区域往往会因为学生过多而发生各种安全事故，校园周边更是经常出现交通堵塞。有研究学者对近 20 位超大规模学校的校长进行访谈，他们一致回答说最让他们焦虑和紧张的问题就是校园安全问题。

其实规模极大的学校在教育发展上的问题不单体现在学校本身的问题上，更为严重的是有些地区将建成规模较大的航母学校作为教育发展的目标，认为学校规模越大，教育发展得越好，这种错误认识给教育的数量规模发展带来的危害更大。

另外一个极端就是规模极小的学校。农村地区的义务教育面临生源渐疏的现实。农村地区的计划生育政策逐步收到实际效果，人口增长率得到有效控制，适龄入学儿童数量出现自然性缩减；在城市化进程的刺激下，大批农村人口流向城市，很多本该在农村接受义务教育的儿童随打工父母进城，成为城市流动儿童，造成农村义务教育阶段学龄儿童的社会性缩减。在自然性缩减和社会性缩减两个主要因素的作用下，农村义务教育阶段学龄儿童数量呈现明显的下降趋势。2009 年"中青在线"报道了《一所小学两个娃》的特稿，其中提到的福建省邵武市大埠岗镇溪上村小学仅有 2 名学生 1 位教师。衡山县岭坡乡福星村小学，2013 年仅有 10 名学生，而学校的管理、教学等工作均由 1 名教师负责。笔者在 2009 年曾到吉林省东丰县影壁山乡调研，那里的几所小学都维持在十几个人、几十个人的状态。在那个时期，我国基础教育阶段存在大量的"麻雀校"和教学点，尤其在偏远山区，"一人两房，三桌四凳，六个学生五个班"，成了当地学校的真实写照。

规模极小学校的问题也比较突出，如它们普遍面临着经费短缺、教师整体素质低、教师工资待遇低、办学条件差等突出问题。例如，师资配置的问题，在班级授课制的基本组织形式下，教育活动的运转以班级为单位，为每个班级配备各科教师，为每个年级配备相应的管理和服务人员。但是，当一个学校的学生数量极少时，就会出现一个班级几个学生甚至有的年级、有的学年没有学生的情况。这样的学校如果保证基本师资配置的话，就会出现教师的数量比学生多的情况，一些教师无课可上，无事可做，大量教育资源闲置、浪费。但是如果不保证基本配置，学校的基本教学秩序、学生的教育质量都会受到很大影响。很多地区的做法是让一位教师身兼多职，既要给学生上课，同时教授好几个学科，除了最基本的语、数、外之外还要能上音、体、美，又要从事学校的管理和后勤工作，有的教师既要负责防火、防盗的事情，又要负责卫生、保健的事情，总之，原本需要多人专门负责的大大小小的工作现在都落到了一两个人身上，其结果可能就是每项工作的质量和效果都大打折扣。办学经费的问题也比较突出。学校办学经费中的很多款项都是按照学生数量拨付的，当学生数量过少时，拨付的经费根本无法满足办学需求，进而导致学校各项工作的质量和效果都受到影响。以北方学校的供暖为例，无论学校是有一百多人还是仅有十几个人，学校的烧煤供暖都是一样的，但是就按照学生数量下拨的经费而言，当然是规模较大的学校经费比较充足，规模过小的学校所获得的经费几乎无法保证供暖。规模极小的学校还有校园氛围的问题。一所学校的教育活动不单是课堂教学的问题，还有学校整体氛围的问题。建立良好的学校氛围，搞活动、搞竞赛，通过同伴的对比、竞争激发学生学习的主动性也是一种重要的教育手段，尤其对于小学和初中来说，通过各种活动来提升教育效果显得尤为重要。但是，规模极小的学校常常因为人数不足而无法开展各种活动。

4. 极端的班级规模

班级规模是指在班级授课制的教学组织形式下一个班级的人数。班级规模的极端情况有两种：一种是人数极多的班级，一种是人数极少的班级。一个班级保持在多少人是最合理的，现在的研究还没有给出明确的、让人信服的答案。目前关于班级规模的设计基本是遵照行政命令来确定的。2006 年，教育部《关于进一步加强中小学校校舍建设与管理工作的通知》进一步指出：各地要严格依据中小学校校舍建设标准，合理确定普通中小学校建设规模，坚决杜绝大班额情况的出现。其中，城市普通中小学校的建设规模必须根据批准的学校规模、城市建设规划的要求确定，城市小学、中学每班班额分别不超过 45 人和 50 人。农村中小学校的建设规模，应根据学制、学校规模、面积指标，并参照农村经济发展水平、城镇化推进程度和人口发展规划等合理确定，农村非完全小学、完全小学、初中每班班额分别不超过 30 人、45 人和 50 人。在文件的指导下，各地纷纷出台了本地区的有关班级规模的班额标准。参照这一标准和《中国教育统计年鉴》的分类统计标准，无论是小学还是中学，班级人数在 70 人以上的就属于人数过多的极端班级规模，超过 90 人的班级属于需要重点关注的超大班级规模，班级人数在 15 人以下的属于人数过少的班级规模，低于 10 人的班级属于需要重点关注的超小班级规模。

超大班额对学校教育产生了很多负面影响。首先，大班额影响学生成绩，多项研究指出，小班额比大班额更有利于学生提高成绩。其次，大班额影响学生课后作业的完成，班额越大，学生课后作业完成的情况越不理想。再次，大班额在学生的成就感、自信程度、学习动机以及自我实现的目标和理想等方面产生消极影响。最后，大班额会降低教师的工作热情，也会降低家长对学校的满意度。

人数过少的超小班级规模在我国基础教育阶段也比较常见。尤其小学和初中生源逐渐减少，一些地区的生源分布越来越稀疏，加之偏远落后地区的学生到外地上学，很多学校的班级人数越来越少。超小班级规模对学校教育也会产生很多负面影响。比如，教师面对仅有几个学生的班级时容易产生敷衍课堂的情况，班级人数过少使得班内无法开展丰富多彩的活动，学生也不能形成有效的竞争。与人数充足的班级相比，人数过少的班级容易产生沉闷、消极的氛围，学生缺少活力，教师缺少热情。

第三节　基础教育规模科学发展的建议

本书按照"理实相较求与合"的基本思路，依循合理发展所合之理的三个方面，即规律之理、价值之理和现实之理，提出基础教育数量规模实现科学发展的建议。

（一）普及阶段的小学和初中按适龄入学人口充分供给

处于义务教育阶段的小学和初中有一个基本特征，即它们要求全体适龄儿童必须接受这种教育。这种普及决定了在小学和初中教育的供给上必须按照适龄入学儿童数量进行充分供给，从而保证有充足的教育资源为每个孩子提供接受教育的机会。鉴于这种教育资源供给的强制性，小学和初中的教育规模就需要参考一个客观的基础数据，即适龄入学儿童数量。

所以普及阶段的小学和初中在进行规模与数量设计的时候，首先要参考的是地区内适龄入学儿童的数量规模。这一基本数据应该成为进行一切教育资源配置的基本依据，如教师数量、学校数量、教育设施、教材教具等。其次是要参考地区内适龄入学儿童的变动趋势。在进行教育规模供给设计时不能仅看眼前的教育需求，要有长远的发展眼光。因为很多教育资源都是一次性高投入便可长期重复使用的耐用性固定教育资源。例如，新建的校舍能够连续使用 30 年左右，学校的操场、篮球架，教室里的桌椅、教具等可多次重复使用，学校新招聘的年轻教师也可以连续工作多年。因此，教育规模设计时要考虑适龄入学儿童的变化趋势，如果适龄入学儿童会持续增加，那么新建学校的时候可以考虑比实际的需求规模更大一些，以便在未来学生增加时留有扩充余地。如果预测到适龄入学儿童会持续减少，那么新建学校时保证需要即可，应考虑当未来生源减少时如何在现有基础上通过改造提供更为宽松的教育环境。当然，适龄儿童的预测不能只着眼于本地区，还应综合考虑儿童的流动迁移等因素。

（二）非普及阶段的学前教育和普通高中按社会需求供给

幼儿教育和普通高中教育在我国还未普及，各个家庭的适龄少年儿童和家长可以自由选择是否接受这种教育。这种可选择性的特征决定了这个阶段的教育供给不是按照适龄入学儿童的总数来进行充分供给的，而是要按照全社会的实际教育需求进行有针对性的供给。因此，这两个阶段教育数量和规模发展的关键问题就是弄清楚它们实际的教育需求。本书认为在分析各阶段实际教育需求时要把握好以下两点。

1. 警惕社会对普通高中教育的非理性需求

在我们国家的教育体系中，普通高中作为基础教育的一个重要阶段一直承担着双重任务：升学准备和就业准备。这种认识跟我们国家对高中教育的政策规定有关。早在 1954 年，我们国家就确定了中学教育的双重任务，当年召开的全国中学教育会议明确指出，中学教育"不仅供应高等学校以足够的合格的新生，并且还要供应国家生产建设以具有一定政治觉悟、文化教养和健康体质的新生力量"。其后的政策基本坚持了这一基本定位。1978 年 1 月教育部颁发的《全日制十年制中小学教育计划试行草案》，对中学任务的规定仍然是"为国家培养合格的劳动后备力量和为高一级学校培养合格新生"。高考恢复后，普通高中教育的升学准备任务逐步成为人们最关注的任务，社会对普通高中的教育需求逐渐演变成高考升学需求。在很多家长和学生的心目中，读普通高中就是为了考大学。在这种强大的需求面前，高中教育的管理者和实施者为了学校自身的发展，也只能口头上应允国家的"双重任务"，行动上努力迎合社会的升学需求。我们的问题是依循这样的社会需求来发展普通高中是否合理？

普通高中教育要依照社会需求来综合决定供给的规模和数量，但是必须认识到，很多情况下社会需求并非理性的合理需求。初中毕业后，一部分去读普通高中，一部分去读职业中学。当代中国社会对普通高中的需求存在着鲜明的非理性倾向。普通高中在依据社会需求设计自身发展时，其发展规模和数量的设计必须警惕这种非理性的社会需求。普通高中的教育目标必须超越传统的人才选拔和就业预备思想，从根基上关照学生良好人生态度的形成、道德品格的塑造、良好个性的培育、社会责任感的养成、创新精神和实践能力的提升等丰富的内容。

2. 区分社会对学前教育的多层次需求

随着各地"学前教育三年行动计划"的实施，学前教育呈现出迅速发展的态势，在园儿童数量、幼儿园数量、幼儿教师数量都大幅度增长。这种迅速增长的背后一方面是国家政策的推动和扶持，另一方面则是社会不断增长的学前教育需求。学前教育不在普及教育范围之内，其发展过程中规模数量的供给和高中一样，不是依据适龄入园儿童的数量，而是依据社会对学前教育的入园需求。学前教育数量规模的合理发展显然也要以对社会学前教育需求的准确把握为前提。

入园难、入园贵一度成为我国学前教育发展的焦点问题，这从侧面反映出我国学前教育的旺盛需求。但是仔细分析可以发现，社会上的学前教育需求并不是简单的入园需求，因此简单扩大学前教育规模是不能满足学前教育需求的。本书通过调查了解到，学前教育需求大约可以分为三个基本层次：一是希望儿童得到看护的需求。这种需求多来自没时间照看幼儿的家庭，这些家长希望把孩子送到幼儿园以便自己能集中精力工作。他们大多希望幼儿园不要像中小学那样安排寒暑假，甚至也不要安排周六、周日，因为他们没有那么多假期，幼儿园放假对他们而言就意味着要自己看孩子。这类需求群体的家长对幼儿园的专业性要求不高，最关注的是幼儿园的安全状况。二是希望儿童接受一定程度的幼儿教育，为未来的小学学习奠定一定基础的需求。有这些需求的家长倾向于将学前教育视为正规的教育系统的组成部分，他们对学前教育的需求集中地表现为希望孩子能够学到一些知识技能，甚至希望幼儿园也能像中小学那样开展规范化的教育。这类需求群体的家长对幼儿园的专业性有一定的要求，希望是正规的专业性的幼儿教师来教育他们的孩子。三是希望儿童各方面的素质能够得到早期训练和开发，并挖掘和发现儿童特有天赋的需求。这是一种较高层次的需求，这类需求群体的家长对学前教育机构的要求比较高，希望自己的孩子能在学前教育中获得个性化的训练和指导，发现孩子的天赋，开发他们的潜能。三个不同层次的需求导致简单地增加学前教育整体供给规模并不能有效地满足社会的学前教育需求。有研究指出，学前教育应该根据不同的需求进行差异供给。将学前教育机构的教育服务分为看护服务、教养服务和个性化教育服务，根据社会上不同的教育服务需求进行差异供给。

区分学前教育的多层次需求有助于实现学前教育规模和数量的合理发展。倡导学前教育机构针对不同层次的需求分类发展。学前教育在做大供给规模的同时，也要做细供给结构。避免按照某一需求盲目扩大幼儿教育的数量和规模，应按照看护类幼儿园、教育类幼儿园和潜能开发类幼儿园进行分类发展。

（三）监测区域性学龄人口变动

无论是按照学龄人数充分供给还是按照需求供给，基础教育要实现规模的合理发展都要对学龄人口规模进行监测。尤其对具有教育规模管控决策权力的地方教育行政管理部门而言，学龄人口变化数据是合理发展教育规模必须参考的基础数据。区域性学龄人口监测主要包括两个方面：一是学龄人口总量增减监测，监测结果要为教育行政管理部门提供准确的数据，如当前各学段适龄入学儿童的数量，未来几年各学段学龄儿童数量的变动趋势和幅度等。二是学龄人口流动监测，监测结果要反映出特定区域内适龄入学人口的流动规模和流动方向。地方教育行政管理部门需根据各学段适龄入学人口流动的规模和趋势对教育供给规模做出合理调整。尤其是在国家逐步重视和解决进城务工人员子女教育问题的大背景下，建议学生流动频繁的地方探索建立一种弹性学校规模机制，以应对学生流动的不确定性给教育规模发展带来的冲击。

（四）积极干预极端的学校和班级规模

极端的学校和班级规模影响基础教育的合理发展，我们应对规模的形成进行积极干预，预防极端规模的形成。对于超大规模，干预的基本方向就是控制；对于极小规模，干预的基本方向就是倾斜关照。

1. 控制规模极大的学校和班级

超大规模的学校和班级往往是人为因素造成的，这就给人为地控制超大规模提供了可行性。控制超大规模的学校和班级可遵循如下基本思路：首先是明确对超大规模的学校和班级的全方位认识。这些认识包括超大规模对教育效果的影响、对教育资源使用效率的影响以及对地区内其他学校发展的影响。这些影响有正面的，也有负面的，可以按照合理发展的理论框架对其进行缜密分析，尤其是有能力调控学校和班级规模的教育行政与管理人员，更要在这些正面和负面影响中综合权衡。至少应该明确一点，基础教育的发展程度是不能用规模的大小来衡量的，有了这样的认识才能有效地杜绝教育实践中一些人刻意追求超大规模的现象。其次是要注意使用政策工具来限制超大规模的形成。教育行政管理部门可出台规定，对班级规模和学校规模设置最大限度。我国有关班级人数的相关规定仅具指导作用，缺少强制性，而学校在校生数基本没有规定。本书认为应该通过政策设置班级人数和学校规模的上限，以此来遏制超大规模的学校和班级的形成。但是这种上限的制定要符合教育规律，不能凭空设计。例如，班级规模要考虑教师不用麦克风的情况下声音的传播范围，正常视力的学生观看板书的最远距离和最大斜角。根据这些范围和距离设定教室的空间，然后以这个特定的空间去计算班级规模。去掉教室必备设施的空间，确定每个座位所占的空间，我们就可计算出教室所能容纳的最多的学生数量。学校规模的最大值也可进行类似的估算。例如，根据学生到学校上学所耗费的时间以及交通工具来确定一所学校离学生家庭的最远距离，再根据这个距离计算学校的覆盖范围，然后查找当地适龄学生的分布密度，以此来计算一所学校大约的学生数。当然，本书只是提出初步的设想，具体的政策设定还要综合考虑规律之理、现实之理和价值之理。再次是做好学龄儿童数量变化的预测工作。地区内适龄儿童的增长和下降都会给教育规模带来较大影响，尤其是处在义务教育阶段的小学和初中更会受到适龄入学人口的直接影响。最后是关注适龄入学儿童的流动情况，流动儿童对教育数量规模产生的影响更为复杂。做好学龄人口变动的预测工作可以有力地指导教育数量规模的合理发展，但是对于具有很大不确定性的流动儿童还要制定单独的应对策略，流入地要在基本规模上为流动儿童预留学位，流出地则要在基本规模上适当控制。

2. 倾斜关照规模极小的学校和班级

考虑到规模极小的学校和班级往往是一些不可抗拒的自然和社会因素造成的，所以人为地设定政策限制的操作空间不大。对于规模极小的学校和班级，应该坚持对其进行特殊的关照。比如，在经费拨付上，按生均拨款明显无法实现规模化使用，因此应该进行额外的专项拨款。在师资配置上，不能按照国家的一般政策按生师比正常配备，要根据学校的特殊情况进行有针对性的额外配备。在这些倾斜关照的基础上，还应尝试为这些学校和班级配备具有复式教学和带班能力的教师，通过教师的全面业务素质来弥补学校规模小造成的资源紧缺。需要指出的是，对待规模极小的学校和班级不能简单将其撤销合并，要根据学生和家长的意愿以及学生上学的路程与时间来综合考虑。

（五）充分利用既存的规模布局

教育发展不是一项可以随时推翻重来的活动，在设计基础教育数量规模发展时应尽量充分利用原有的规模布局。例如，面对学前教育迅速发展带来的各种问题，我们需要配合"学前教育三年行动计划"满足普及一年学前教育的需求。此时我们应将基础教育作为一个整体，充分利用其原有的教育发展规模布局来发展学前教育，即扩大学前教育的规模不要局限于通过新建和扩建幼儿园来实现。

笔者建议以现有小学的规模布局和学校分布为基础来促进学前教育的发展。具体操作上可以将小学的6个年级，变为7个年级，用扩展的这个年级来招收原本应在幼儿园上大班或者学前班的幼儿。在现有小学的基础上，向下扩建出一个单独的学前教育阶段的年级，或者也可以理解为小学变为7年制，入学年龄变为满5周岁。鉴于小学现有的规模布局是基本满足普及教育的需要的，所以扩展的这个年级也应该满足普及学前一年教育的需求。如此则可以在不新建幼儿园的基础上分担大量学前教育的任务。对小学来说则需要做一些准备工作，如准备基本的学前教育设施、配备专业的学前教师队伍等，要做的改变工作可能很多，但毕竟要比新建一所幼儿园少很多工作。需要指出的是，要注意这个学前年级的课程学习和教学方式，谨防出现幼儿教育小学化倾向。

第四章

基础教育科学发展的学校功能

第一节 基础教育科学发展对学校功能的要求

上学的核心问题是孩子们在学校里会接受一种什么样的教育，或者说基础教育阶段的学校能够提供一种什么样的教育服务。这其实是基础教育阶段学校功能发展的问题。笔者尝试使用科学发展的理论框架来论述学校功能发展。按照"理实相较求于合"的基本逻辑思路，首先要做的是分析合理发展理论下学校功能的基本要求，并将此作为学校功能发展的理论；其次是对当下基础教育阶段学校功能发挥进行剖析，指出学校功能发挥存在的现实问题；最后是提出基础合理发展视野下学校功能拓展的具体建议。

一、基础教育合理发展对学校功能的要求

功能和职能是两个密切相关的概念，这里简单做出区分。一般认为职能是指事物或机构所具有的或所担当的专门职责，如农民要种田，学生要学习，工人要做工，这些都是他们的职能。职能是事物本身所具有的固有属性，是事物的职责和能力，是在应然层面上对事物的一种界定。功能是对事物自身而言的，指向的是事物能够干什么的属性，是在实然层面对事物的一种界定。例如，农民应该种田，但他们也可以以农民工的身份发挥做工的功能。本书在功

能的意义上关注学校发展，一方面强调学校基本职能的正常化发挥，另一方面强调拓展学校基本职能之外的其他功能以满足人们的多元需求。

根据合理发展的理论分析框架，基础教育合理发展对学校功能的基本要求也主要体现在三个方面，即要能够回答清楚三个问题：第一是从价值的角度看学校应该为我们提供什么样的功能和服务，回答的是我们想要什么的问题。第二是从规律的角度看学校是否具备那样的功能，回答的是我们想要的东西学校能否提供的问题。第三是从现实的角度看学校是否可以顺利地发挥出那样的功能，回答的是学校功能发挥的条件是否具备的问题。

（一）学校功能供给

基础教育合理发展理论主张教育发展要符合其价值之理。在学校功能发展的层面，这个价值之理集中地体现为人们对学校所提供的服务、发挥的功能等抱有的价值预期。学校的功能供给如果能够有效地满足上述价值预期，就是符合价值之理的学校功能发展。在人民满意的教育发展的新阶段，人们对基础教育阶段学校所提供的服务和发挥的功能有了更多更复杂的要求。

作为社会机构的学校具有很多功能潜质，提供哪些服务、发挥什么样的功能是学校发展必须慎重思考的问题。笔者认为在学校功能合理发展的问题上应该明确一种立场。不是所有的功能需求都要去努力满足，也不是所有的功能需求都具备满足的条件和能力。学校作为基础教育发展的主要职能机构，应该在尊重教育规律和教育发展现实的基础上尽量满足人们对学校功能的多元价值诉求。

之所以是多元价值诉求，是因为学校教育牵扯到众多利益相关主体，他们对学校的价值诉求不尽相同。这些主体对学校功能的诉求作用到一起必然表现为一套多元化的价值诉求体系。理论上讲，准确把握这一价值诉求体系应该按照下面的方法来进行：首先按照主体的种类，对每类主体的价值诉求进行细分，然后在多个主体的价值诉求间进行求同存异的合并和妥协，最后达成一种价值共识。这显然是一项浩大的工程，而且这种价值共识能否达成存在较大的风险。笔者决定绕开种种复杂且结果不确定的工作，转而选择以学校功能供给的发展现状为中心来分析这些价值诉求。由此复杂的学校功能诉求就可以被分为如下三个方面：即新的教育发展形势下出现的各种学校功能诉求，以往的教育发展忽略和无力关照的、现在又被重新提出和需要关照的学校功能诉求，特殊情况下的教育发展对学校功能提出的特殊需求。

新的教育发展形势对学校提出了更多的功能要求。例如，我国基础教育发展经历了由"有学上"向"上好学"的转变。这一发展形势要求学校在功能供给上关注"好学"的具体需求，要从以完成教育普及为主转向以向学生和家长提供一种满意的学校生活方式为主。再如，我国社会城镇化进程和计划生育等政策带来的生源变动形势。生源稀疏的地区要求学校提供寄宿服务、接送服务；留守儿童聚集的学校则需要开发弥补家庭教育缺失的功能；流动儿童聚集的学校则要发挥接纳和疏导的作用。当然，面对全社会信息技术的快速发展，学校还应该发挥引导学生对海量信息进行筛选、鉴别和利用的功能。面对社会竞争日益激烈的形势，家长们都希望自己的孩子能有更多的才艺和特长，以便获得更多的竞争优势。在这种社会发展形势下，家长们显然会对学校提出要为学生的特长发展和才艺训练提供更多条件的功能诉求。

以往由于教育的快速发展而忽略或者因无力关照而放弃的一些功能诉求，现在被重新提了出来。例如，以前是学校紧缺教师，招聘教师时是供不应求的状态，所以那种状态下的学校几乎放弃了在选拔合格合适师资方面的功能。对高校所提供的教师人才基本照单全收，高校培养出来什么样的教师，中小学就用什么样的教师。后来教师人才的供给相对充盈了，学校在招聘教师时才开始发挥对教师人才进行质量把关的筛选功能，同时开始发挥对高师院校人才培养改革的导向功能。中小学需要什么样的教师，高校就按照需求去培养什么样的教师。另外，很多学校在完成好教学任务的同时，开始逐步改善学校的环境，力图让学校发挥为学生提供安全、优美、舒适的生活场所的功能。

此外，学校功能供给的多元价值诉求还表现为个别学校因为特殊要素的存在而产生的特殊功能诉求。比较常见的是极端地理条件下学生上下学所需要的接送和交通服务功能等；特定文化背景下的风俗习惯、语言使用等特殊功能需求等。

（二）学校功能设计

学校作为一种社会机构，其功能是可以不断被开发出来的。由此，学校的哪些功能应该被开发出来就成为学校发展的一个重要问题。基础教育合理发展理论认为学校功能设计不能仅遵循价值诉求的引导而随意设计，还要考虑教育规律的制约。合理发展的学校功能设计应该符合教育规律。

在教育与人层面，学校要勇于在培养人的问题上发挥主导作用，并坚持将培养全面发展的人作为学校功能设计的核心依据。教育基本规律表明，人的发展至少受到遗传、环境、教育三个因素的影响。所以学校教育的功能设计不能试图替换或者忽略其他因素对人的发展的影响。但是，教育实践中存在大量过分夸大学校教育的作用，甚至是想建立功能被无限放大的"全能学校"

来独当培养人的重任的现象。这样的学校功能设计显然违背了基本的教育规律。当然，学校是作为社会专门培养和发展人而建立与发展起来的机构，理应承担更多的责任。学校在功能设计上要勇于发挥其对培养人的主导作用，可以尝试开发多种功能去弥补或者加强遗传和环境因素对人的发展所产生的影响。

在教育与社会层面，学校既要认识到社会对学校功能设计的制约，又要认识到可以利用自身的功能调整来影响社会发展。教育与社会的关系规律表明，教育活动受到社会政治、经济、人口、文化等要素的制约，同时对社会中的各要素产生积极的反作用。因此，学校的功能设计会受到社会生产力发展水平、地理环境、人口状况、政治经济制度以及文化习俗等多种因素的制约。例如，在生产力发展水平较低的农耕时代，学校的功能设计从目标到内容都不需要过多关注生产劳动教育的问题。但到了生产力显著发展的知识经济时代，人不接受一定程度的教育几乎无法参加生产劳动，此时学校的功能设计无论如何都不能绕开生产劳动教育的问题。在环境复杂、人口稀疏的地区，学校功能设计要考虑寄宿、接送和校园安全的问题，而在环境优美、人口稠密的地区，学校功能设计则无须过多关注此类问题，相反可能还要考虑如何筛选、分流人口的问题。反过来，也要看到学校的功能设计一旦落实会对社会产生重要的反作用。例如，面对充盈的生源，学校所设计的竞争性的筛选功能，一方面加重了学生的学习负担，另一方面可能引发社会不公平。学校的育人功能如果发挥不好，或者育人方向失之偏颇，就可能出现毕业生没有能力适应社会，社会发展找不到合适的人才的现象。

学校教育内部也存在一些最基本的规律，如学校必须以教学工作为主，教学工作必须以课堂教学为主要形式，课堂教学必须以传播间接经验为主。这些逐层具体的教育规律要求学校在功能设计上首先要确保教书育人功能的首要地位，不管学校的功能如何拓展，最基本的还是要通过实施教学实现育人功能。其次是要将课堂教学作为学校功能实施的基本组织形式。我国"文化大革命"时期的学校功能设计就偏离了这一基本规律，学校不重视教学，基本的课堂教学秩序被破坏得形同虚设，学校的政治运动、思想宣讲功能被过度放大。给我们国家的教育发展和社会进步造成了巨大的损失。学校功能设计一定要给教学工作为重点、课堂教学为基本组织形式、间接经验为主等规律诉求留有充分的发展空间，并提供坚实的实施保障。

（三）学校功能发挥

基础教育合理发展的现实之理要求发展活动尊重已有的现实基础，这是所有发展活动都绕不开的发展起点。学校功能发挥同样有一个尊重发展现实的问题，它最终要落实到实践层面，学校的功能供给和功能设计能否实现也要看学校是否具备了相应的条件。学校功能发展不是一个从无到有的发展，而是一个从有到好的发展，对一所具体的学校而言，其功能发挥要尊重已有的发展基础和现实条件。

社会学讲结构决定功能，只有结构完善，相应的功能才有可能出现。当我们谈及学校功能时，这里的学校指的是一所普通意义上的学校，默认的前提是这所学校是一所结构完整、构件标准的学校。但是，对于一个具体的学校发展而言，其结构并非一定是完善的，其构件也可能与我们的理性标准存在较大差异。因此，在面对任何一所具体学校的功能发展问题时，首要的工作仍然是摸清这所学校的相关现实条件，包括学校功能发挥的现状、功能供给的缺口、功能实现的条件等，也包括学校内部基础设施、师资配备、校风学风、生源构成等现实条件的基本状况。由这些单个构件的基本情况组成的学校整体结构是其进一步发展的现实基础，基础教育合理发展所要求的学校功能发挥一定要以一所学校的现实基础为起点。不顾学校发展的现实基础，将很多理想化的学校功能供给能力安插在不适合的学校身上，只会给这些学校的功能发展造成更大的负担。

二、基础教育科学发展视域下示范性幼儿园功能的异化

示范性幼儿园的根本价值在于示范性，在幼儿园教育中具有标杆和导向作用。示范性幼儿园的建设与发展越来越受到各方面的重视，这不仅与国家政策的规定和引领有关，也是人民群众对优质教育的需求，更是大力发展学前教育、提升幼儿教育质量的历史使命。因此，建设与发展示范性幼儿园是我国幼儿教育中的一项重要制度。但在示范性幼儿园建设与发展的过程中，偏离了政策初衷。一些普通幼儿园申报示范性幼儿园的出发点，是为了提高收费标准，客观上导致其在建设中过度追求豪华的硬件设施和优质的师资配备，造成示范性幼儿园功能的异化，并在一定程度上制造了教育的不公平。因此，示范性幼儿园的存在价值受到质疑，面临政策执行中的尴尬，有些地方不再进行省级示范性幼儿园的评估，甚至取消"示范性幼儿园"。但也有学者认为，示范性幼儿园对我国的幼儿教育发挥了明显作用，其存在价值之所以受到质疑，和实践中制度的完善与执行有关，而不在于制度本身，主张"要坚持和完善这一制度，并努力发挥这一制度的现实功能"。我们认为，有必要对此进行思考与梳理，实现示范性幼儿园功能的理性回归，以使示范性幼儿园真正发挥示范功能，引领区域幼儿教育事业的健康发展。

（一）示范性幼儿园概述

1. 示范性幼儿园的由来

1956年，根据当时经济和文化建设的发展需要，教育部、卫生部、内务部等联合发布《关于托儿所、幼儿园几个问题的联合通知》，要求必须增加托儿所和幼儿园，帮助母亲们解决照顾和教育孩子问题；同时要求托儿所和幼儿园起示范作用。这是"示范性幼儿园"的最初提法，但此类幼儿园并不是"示范性幼儿园"，只是明确了政府职能部门办园的责任，规定了幼儿园的示范作用。1979年，国务院转发《全国托幼工作会议纪要》，明确要求"卫生部、教育部要办好示范性托儿所、幼儿园"，"示范性幼儿园"正式提出。

1989年，国家教委（国家教育委员会，现教育部）出台了《关于实施〈幼儿园管理条例〉和〈幼儿园工作规程（试行）〉的意见》，提出根据实际需要办好示范性托儿所、幼儿园的要求。20世纪90年代以后，示范性幼儿园成为幼儿教育事业发展中一项重要的制度性安排，明确了省级示范性幼儿园应达到本省幼儿园总数2%的要求，同时强调"地方政府要办好教育部门举办的幼儿园，使其逐步成为当地骨干示范的责任"。此时，北京、上海、天津等地制定评估标准，率先对幼儿园进行评估认定，设立示范性幼儿园。2003年，国务院办公厅转发教育部等十部门《关于幼儿教育改革与发展的指导意见》（以下简称《意见》），明确提出幼儿教育改革的五年总目标（2003—2007年），规划了示范性幼儿园建设与发展的格局，即"形成以公办幼儿园为骨干和示范，以社会力量兴办幼儿园为主体，公办与民办、正规与非正规教育相结合的发展格局"；并要求"根据城乡的不同特点，逐步建立以社区为基础，以示范性幼儿园为中心，灵活多样的幼儿教育形式相结合的幼儿教育服务网络。为 0 ～ 6 岁儿童和家长提供早期保育和教育服务"，由此，进一步明确了示范性幼儿园的地位、作用，也明确了示范性幼儿园的产生不只限于公办幼儿园，城乡在内的民办园也被列入示范性幼儿园。

2．示范性幼儿园的功能

示范性幼儿园的功能很多，根据上述对示范性幼儿园的界定，围绕示范性这一中心，我们认为其功能主要包括依法执教示范、保教示范、管理示范和教师专业成长示范等。

（1）首要功能是依法执教示范。示范性幼儿园，从园长到保教人员都应该自觉学习并遵守国家和地区的教育政策、法规、纲要、标准等，厘清办园思想、规范办园行为，树立以幼儿为本的教育理念，自觉提升专业素养，成为区域内一般幼儿园依法执教的典范。

（2）核心功能是保教示范。教育的本质功能是育人，幼儿园教育的最根本衡量指标是幼儿的发展，影响幼儿发展的关键因素是幼儿园保教工作的质量。因此，示范性幼儿园应以幼儿为本，严格按照有关要求、遵循教育规律与原则、结合幼儿身心发展特点，确立保教工作目标、制订保教工作计划、践行保教理念，对区域内一般幼儿园发挥标杆作用。

（3）必然功能是管理示范。教育管理是幼儿园保教质量的必然保障；在某种意义上，幼儿园教育管理水平反映甚至决定了幼儿园的保教质量。因此，示范性幼儿园必须科学合理，建立健全规章制度，注重良好文化氛围的形成，成为区域内一般园教育管理的楷模。

（4）重要功能为教师专业成长示范。示范性幼儿园应该立足于幼儿园教师的专业发展，促使教师在立足实践的教育科学研究活动中提高专业水平，使示范性幼儿园真正成为本地区幼儿园教师专业成长的基地和教改科研的骨干先锋。

（二）示范性幼儿园功能的异化

我国不同办园主体的幼儿园差别较大，由此造成幼儿教育的发展不平衡，导致示范性幼儿园的示范功能在一定程度上产生了价值异化。

1．一定程度上造成教育的不公平

一直以来，示范性幼儿园主要是公办园，能够获得比其他幼儿园更多的政府财力支持，因此拥有较多的教育资源和经费，如教学设备较好，教师学历层次较高，教师年龄结构较合理，教师接受继续教育的机会也较多，等等。也正因如此，示范性幼儿园数量不多，接纳容量极其有限，只有少数人群受惠，造成一定区域的教育不公平，甚至加剧幼儿教育城乡分化。为此，一些地方通过办分园的形式，扩大示范性幼儿园的优质教育资源的覆盖率；甚至有的地方政府人为降低示范性幼儿园的评估标准，以增加示范性幼儿园数量，扩大受惠人群。但这些做法不仅不能解决示范性幼儿园带来的教育不公平，反而稀释了教育资源，降低了示范性幼儿园的质量。

2．示范辐射功能的异化

示范性幼儿园的本体功能是通过开展示范活动带动区域内幼儿教育质量的提升。但实际上，示范性幼儿园在建设与发展中，这一本体功能产生了异化。

（1）示范性幼儿园方面。

第一，示范活动开展被动。示范性幼儿园应该结合自身优势、针对其他普通园的实际需要，积极主动地开展示范活动，但实际上示范活动大多由教育行政部门组织、实施，只有少部分示范性幼儿园主动开展，大部分则被动接受。

这势必导致示范性幼儿园示范的积极性和自主性不高，从而习惯于依赖教育行政部门，缺乏主动示范的意识。

第二，示范活动的内容发生偏差。《意见》明确规定了示范活动的内容，即"贯彻幼儿教育法规、传播科学教育理念、开展教育科学研究、培训师资和指导家庭、社区早期教育"等方面。据此，有研究者将示范活动的内容概括为先进教育思想示范、管理制度和办园经验示范、幼儿园环境创设示范、保育工作示范、对家庭和社区指导示范、幼儿园发展规划制度示范、幼儿园课程开发示范、幼儿园发展特色与品牌质量建设示范等。但事实上，示范性幼儿园示范活动的内容以保教经验和幼儿园管理为主，示范内容明显偏差，也与"依法执教、保教、管理、教师专业成长"的示范内容偏差较大。

第三，示范活动的组织方式单一。示范内容的丰富性，必然要求组织形式的多样性。一项调查表明，目前示范活动的组织形式单一，以专题讲座和观摩参观为主。虽然专题讲座和观摩参观的优势明显，但因为活动时间短、示范活动的非持续性，无法给普通园提供深入而系统的学习，导致示范活动"泛"而"浅"。

（2）普通幼儿园方面。

第一，普通园参加示范活动的频率不高。作为示范对象的普通园，因为种种原因，如地处偏远、交通不便、园内经费的限制、名额的限制等，相当部分普通园没有参加过示范性幼儿园开展的活动，尤其是民办园。

第二，普通园参加示范活动的收获不大。由于在软硬件方面与示范性幼儿园存在较大差异，普通园难以理解、接受示范性幼儿园的经验，在学习过程中机械地模仿，效果不佳。

第三，普通园参与示范活动的兴趣不浓。由于教育行政部门的主导安排，一些示范活动既没有体现示范性幼儿园自身的优势，也没有针对普通园的实际需要，以至于示范内容、形式和普通园的实际相脱离，不仅示范效果欠佳，而且导致普通园对示范活动的兴趣不浓。

（三）示范性幼儿园功能的理性回归

1．示范性幼儿园功能异化的原因分析

示范性幼儿园功能异化的主要原因是认识偏差，政府部门、教育行政部门、办园主体（包括示范性幼儿园与普通园）乃至一线保教人员，均不同程度地存在对示范性幼儿园功能观念与行为的偏离。这种偏离导致政府部门重视示范性幼儿园先期的基础建设和优质师资配备，在一定程度上造成教育的不公平；忽视后期投入，制约示范性幼儿园的发展提升与示范功能的发挥。同时，这种偏离导致一系列机制的不健全和支持保障系统的不完善。

（1）评估督导、激励机制不健全。如前所述，示范活动大多由教育行政部门主导。从现象上看，示范活动由谁组织、由谁参加，都由教育行政部门决定，作为示范活动主体的示范性幼儿园和作为示范对象的普通园，处于被动盲目状态。但究其原因，一方面，一些示范性幼儿园缺乏主动示范意识。另一方面，由于认识上的偏差，社会和教育行政部门认为示范性幼儿园是各项业务的"多面手"，但事实并非如此。每个示范性幼儿园的优势领域不同，面对教育行政部门面面俱到示范的期待往往力不从心。再一方面，由于没有建立健全评估与激励机制，开不开展示范活动一个样、示范活动开展的好坏与否一个样，造成示范性幼儿园缺乏开展示范活动的动力。

（2）支持保障系统不完善。幼儿园的建设与发展离不开资金支持与专业指

导。对于示范性幼儿园，政府的资金投入主要用于先期的基础建设；通过评估后，政府在示范性幼儿园发展方面投入很少，影响了示范活动的顺利开展；同时，由于资金不足，导致示范性幼儿园缺乏持续的、稳定的专业指导，不能明确示范什么、如何示范，示范活动的内容偏差、组织方式单一，偏离普通园的实际需要，影响示范活动的有效开展。《意见》指出，要"进一步完善幼儿教育管理体制和机制，切实履行政府职责"，明确提出城市街道办事处、乡（镇）人民政府要"提供活动场所和设备、设施，筹措经费，改善办园条件"的要求。显然，上述问题的出现偏离了《意见》的初衷，且是建设发展示范性幼儿园的支持保障系统不完善造成的。

同样，作为示范对象的普通园，存在参加示范活动频率不高、收获不大、兴趣不浓的现象，也有支持保障系统不完善的原因，如园内经费不足、限制参加示范活动名额等。

2．示范性幼儿园功能的理性回归策略

（1）理性认识示范性幼儿园性质与功能。第一，在观念上厘清示范性幼儿园的性质是功能性的还是荣誉性的。如果是功能性的认识，示范性幼儿园建设的基本方针必然是坚持标准，并且强调数量的控制，这会导致示范性幼儿园功能的异化，结果可能是示而不范。第二，明确示范性幼儿园的示范功能，是通过示范实现不同幼儿园之间的良性互动，带动并整体提升一定区域内的幼儿教育质量。这就要求示范内容符合一般幼儿园自身发展需要、组织形式能为他们学习与接受，这样才能实现这种良性互动，才能充分发挥示范的功能。第三，示范性幼儿园还应对社会、对公众示范，成为社会生活中积极创新、遵纪守法、敬业爱岗的典范。

因此，示范性幼儿园应该从自身优势出发，主动发挥示范作用。

（2）完善示范性幼儿园评估与激励机制。我国示范性幼儿园评估包括资格认证与复查验收。资格认证主要是对申报示范性幼儿园的幼儿园质量进行鉴定，确定其能否成为示范性幼儿园。复查验收一方面需要对示范性幼儿园的质量进行评估。另一方面需要考察其有没有发挥示范作用、发挥了多大的示范作用。再一方面，通过复查验收，发挥评估的激励作用，留优奖优、惩劣除劣，确保示范性幼儿园的示范性质与功能。

（3）建立、完善示范功能发挥的支持保障系统。示范功能的发挥需要完善的外部支持保障系统。建立完善的支持保障系统，将各方力量集中在示范活动方面，以制度、法规的形式规范其行为，营造一个良好的示范辐射环境，是实现示范性幼儿园功能发挥的基本保证。

第一，建立保障制度，从制度上保证示范活动的有效开展。例如，建立示范活动的常规管理制度，规范示范活动的行为；成立园内督导评估小组，监控、协调示范活动的实施，等等。

第二，建立人才保障制度，保证示范性幼儿园的示范水平。例如，建立个人人才培养制度、团队人才（示范活动的核心团队、专家团队、执行团队、示范学习团队）的培养制度等。

第三，建立政策保障制度，争取政策支持与资金资助；建立外部监控与评估制度，强调社会和政策的监控与督导。

第四，建立效果保障制度，以活动效果回应示范价值，从而维护示范活动的良性运作。

（4）多条途径、多种方式开展示范活动，发挥示范功能。

第一，定期指导，帮助一般幼儿园提升。一方面，教育部门定期组织示范性幼儿园的骨干教师为一般水平的幼儿园进行指导。另一方面，示范性幼儿园应主动发挥示范功能，进行形式多样的指导，如开设专题讲座、送教下乡、送教进园、主动送教上门。再一方面，普通园应主动寻求示范性幼儿园的指导，如从本园中选择有一定潜质的管理者和教师，到示范性幼儿园跟班带教，并参与示范性幼儿园的管理活动、研讨活动等。

第二，加强园际交流互动。示范性幼儿园发挥自身优势，与普通园结成"牵手园""姐妹园"等，充分与其他幼儿园交流互动，建立经验交流体系和支援体系。例如，示范观摩、开放交流研讨、见习培训、课题联动等。

第三，资源共享。幼儿园教育资源共享，如进行教师资源共享、管理经验资源共享、文本资料资源共享等，以此促进区域内其他幼儿园教育水平的整体提高。

示范性幼儿园作为区域幼儿园教育的典范，对区域内幼教事业的发展影响甚大，因此示范性幼儿园必须坚持依法办园，依法执教，率先垂范；实现保教示范、管理示范以及教师专业成长的示范；杜绝怕被赶超的狭隘心胸，避免盲目的优越感，以开放的、真诚的心态，真正发挥示范性幼儿园的示范功能，实现其功能的理性回归。

第二节　基础教育阶段学校功能发挥现状

目前，基础教育阶段的学校功能发挥并不理想。在认识和观念层面，对学校应该发挥什么样的功能这个问题存在很多不同观点。在实践层面，学校的功能指向、功能发挥的形式以及功能的品质都存在很多问题，而对于新增的学校功能诉求，学校在功能供给上也没有给予很好的应对。

（一）学校功能认识存在争议

学校应该发挥什么样的功能历来都是一个多方关注的话题。笔者认为两类主体对这一问题的认识能够深刻影响学校教育：一类是学者群体，他们主要在理论层面对学校应该发挥的功能进行分析论证，另一类是教育实践者群体，主要是学校的校长、教育管理者等，他们主要在实践层面对学校应该发挥的功能进行探索和实施。由此，笔者先是通过一些学术论文和著作对学界对学校功能的相关认识进行梳理总结，然后随机访谈了 12 所学校的校长和 5 位教育局局长，以此来了解实践领域的主体对学校应该具有哪些功能的认识。结果发现，不仅在理论研究和实践探索层面有不同的观点，即使在理论研究内部也难以达成一致意见。实践探索方面更是缺少统一的学校功能观。因此，当前我们对学校功能的认识仍然存在争议。

改革开放以来中国教育学发展中有三次大的学术争鸣：第一次是关于教育属性的争论，第二次是关于教育功能的争论，第三次是关于教育如何适应社会主义市场经济的争论。在第二次争论中，很多学者提到了学校功能的问题。

在开始介绍众多观点之前，有必要澄清教育功能、学校功能、学校教育功能的概念。本书从概念层次上对三个概念进行排序，认为教育功能可以涵盖学校功能，学校功能又可以涵盖学校教育功能。因此，就我们研究的学校功能而言，当谈论学校教育功能时，其显然也是学校功能的一部分。但是，当谈到教育功能时，其涉及的可能就超出学校功能的范畴了。

关于学校应该发挥的基本功能这一问题，代表性的人物和观点比较多。例如，法国社会学家埃米尔·涂尔干、美国社会学家埃尔科特·帕森斯等人都有过相关的论述。涂尔干认为学校教育的功能主要体现在儿童的培养方面，这种培养具体表现在两个方面：一是培养他所属的那个社会要求其所有成员必须具备的某些生理和心理的特性；二是培养特定的社会群体，如等级、阶级、家庭和职业团体等同样要求其所有成员应该具备的某些生理和心理的特性。功能主义社会学家帕森斯在他的《班级是一种社会体系》一书中也提到学校班级具有两种主要功能：一是个体社会化功能，二是选拔功能。我国学者劳凯声进一步明确指出学校的基本功能体现在两个方面：一是培养人，二是选拔人。学校对个人发展的培养功能，是指学校根据社会对个人的基本素质要求和个人身心发展的基本规律以及不同的个性特征对受教育者所施加的影响。学校的选拔功能，是指学校根据一定的社会价值标准和判断、评价其成员的模式对受教育者所做的鉴别。在现代社会中，学校的这两种功能是缺一不可的。社会发展的不同时期对学校功能的发挥所提出的要求不是要哪一个不要哪一个，而是如何在两种功能之间保持一种适度平衡，使教育的作用得到最大限度的发挥。因此学校的这两种功能是不能相互取代的。

除了对学校基本功能的研究外，很多学者还关注了学校的派生功能、泛化功能、再生产功能等相关功能。学校的派生功能研究主要从对学校实体的观察出发，认为学校在社会生活中扮演的角色越来越重要，并逐渐派生出类似于托管所的照管功能，后勤保障功能，执法的功能，降低失业率、促进就业的功能，降低人口出生率的功能，拉动经济增长的功能，等等。学校的泛化功能研究在宏观层面关注了学校所具有的多方面功能，如政治功能、经济功能、文化功能以及学校对个人的教化和对社会秩序的维持功能等。学校的再生产功能认为学校的功能是社会再生产，它再生产社会的不平等关系、再生产社会的共同价值等。

可以发现，关于学校功能的理论研究观点有很多，研究的视角和侧重点也不尽相同。从总体上看，如果不考虑具体细节，学校应该发挥的基本功能可以形成一致的观点：一是人才的培养，二是人才的选拔和甄别。学校的派生功能、泛化功能、再生产功能等则很难达成共识。

学校教育实践领域对教育功能的认识观点也很多，笔者对吉林、山东、河北、江苏、重庆、浙江等地的一些中小学校长做了调查访谈，了解他们对学校功能的认识。调查结果表明，受访者对教育功能并无明确的认识，平时很少思考这样的问题，而且认为学校要发挥什么样的功能不是他们需要思考的问题。12位校长中的7位在被问及"您觉得学校应该发挥什么样的功能"时，坦诚地表示自己平时并未思考过这样的问题。4位校长在回答部分问题后表示这不是他们需要思考的问题。这些校长对学校应该发挥的功能的看法大约集中在"落实国家的教育政策""教育学生""向学生传播科学文化知识""满足家长需求""为上一级学校输送优秀学生"等方面。从他们的回答中我们几乎看不到在教育功能理论研究领域经常使用的"社会化""人才培养""人才甄别选拔"等概念，更没有人提及派生功能、泛化功能、再生产功能等概念。理论研究者广泛使用的概念并未进入一线教育工作人员的话语体系。即使在对相同的活动或对象进行描述和表达时，双方也是各自使用所熟悉的不同概念。

由此可见，部分工作在一线的教育管理工作者对学校应该发挥的功能并无明确和统一的认识，学校功能的理论研究者和实践探索者对学校应该发挥的功能的认识显然也存在着巨大的差异。

（二）学校功能的发挥存在偏差

上述讨论表明，关于学校功能存在一个共识，即认为学校，尤其是基础教育阶段的学校，存在两个基本功能：一是育人功能，二是选拔甄别功能。但是，在教育实践中这两种功能的发挥都不理想，教育功能的发挥在整体上存在偏差。这些偏差既有违背教育规律造成的，也有忽视教育发展现实造成的，还有价值关照不均造成的。

1. 功能发挥的旨向——瞄错目标，违背规律

学校育人和选拔甄别这两大功能应不分主次，理想的学校应该保证其双重功能的正常发挥。但是在实际的教育实践中，学校的选拔甄别功能被过分放大，而育人功能被挤压。在现实中，基础教育阶段的学校教育成为以培养和挑选未来社会精英为主要甚至唯一目标的实践行动，成为以培养和挑选考试成绩好的精英学生——尖子生、"好学生"为主要甚至唯一目标的实践过程。这使学校的选拔功能逐渐成为学校教育的核心功能，这种实践操作将本应是学校教育最基本功能的育人功能排挤到学校教育的边缘，其实质是教育选拔功能对育人功能的僭越。在学校的选拔功能被过分放大的大环境下，学校成了社会对个人进行鉴别和选拔的筛选器。学校赋予学生的标签替代了原本应对学生本人的实际知识和能力素养进行的考察，社会上甚至出现了"不看学生，只看学校""要看学生，先看学校"的流行观念。学校选拔功能的过分强化使学校在促进个人发展方面的功能难以发挥，在激烈的竞争环境下，学生的人格遭受扭曲，极大地阻碍了其身心健康发展，这一度是学校教育普遍存在的问题。

其实社会对人才的选拔一般分为两种方式：一是保举性选拔，二是竞争

性选拔。前者依据家世、门第、身份、种姓等资格来选拔人才；后者依据其所具有的知识、能力、经验、德行、健康等品质来选拔人才。随着社会进步，竞争性选拔逐渐成为社会人才选拔的主要形式，学校发挥选择功能也成为社会发展的必然要求。首先，学校通过对人才进行标定，以学历、学位等形式赋予个人一种标签，这种标签会增加人才在竞争性选拔中的筹码。其次，学校能够通过知识、技能和思想理念的塑造增强人在竞争性选拔中的竞争能力，学校内部也会通过对学生进行排名和分类形成一种初期的人才选拔。由此，学校教育的选拔功能在竞争性选拔的社会中逐步得到重视，以至于成为现代学校的一种基本功能。需要指出的是，学校对人才的选拔是伴随着对人才的培养而进行的，因此，选拔结果实际也是培养结果。从这个意义上讲，学校的育人功能和选拔功能相辅相成，并不矛盾。学校功能设计单纯地瞄准选拔功能，忽视育人功能，显然是学校功能发挥瞄错发展目标、违背教育规律的做法。

除了两种基本功能之间存在偏差之外，育人功能和选拔甄别功能的内部也存在偏差。本来学校的育人功能是兼顾学生全面发展的一种教育设计，即应按照德、智、体、美、劳的全面素质的标准去实施育人功能。但实际上学校教育的全面育人功能经常被简化为智育功能。这一偏差显著地表现在学校各教学科目的地位和课时分配上。例如，在基础教育阶段的学校中，语文、数学、英语等被当作主科，而物理、化学、生物、历史、地理、政治被划为副科，与体育、美育等相对应的体育、音乐、美术等课程则形同虚设。课时分配上也存在明显的主科课时多、副科课时少、艺体类课时经常被占用的情况。有些学校甚至在课时分配上采用与考试分值相匹配的方式，按照某门课程在中高考中的分值比例决定该门课程在总体课时中的课时分配比例。这种主科、副科的区分也影响到学校的任课教师。三大主科的任课教师在整个学校有较大的话语权，从事体育和美育的艺体类教师则严重地被边缘化。由此可见，由智育功能代替育人功能的学校功能偏差已经到了很深的程度。

学校选拔甄别功能的偏差主要表现为因为过分重视而被异化。

首先，是对甄别选拔功能理解的简单化，他们认为学校甄别选拔功能的发挥主要目的是对学生进行分层、选拔和淘汰。这实际上是在按照学生的考试成绩将他们由高到低地排队。学校的甄别功能不能简单地理解为分层、选拔和淘汰，不是将学生分为三六九等之后挑选出其中的出类拔萃者，而是对学生的个性特征、能力、气质进行区分，然后根据学生的个性特征、能力、气质进行教育教学，使学生更好地发挥特长，促进学生的发展。

其次，是学校甄别选拔功能被异化为学校之间比拼升学率的"自我保存功能"。学校能否发展、发展好坏被简单化为升学率高低的问题。

再次，是学校选择功能发挥的顶端化。在面对日益严重的学校比拼升学率的问题时，很多矛盾的焦点都集中到了学校的选择功能上，甚至认为学校正是因为具有了人才的选拔和甄别功能才被升学率问题所绑架。其实这种指向学校选择功能的评判是失之偏颇的。例如，20 世纪 80 年代，南京师范大学的鲁洁老师就指出，学校教育领域中出现的片面追求升学率的现象从表面看似乎是学校选择功能的过分强化导致的，但实质上是学校选择功能发挥不够全面和正确导致的。比如，学校纵向选择功能顶端化的问题一直是困扰学校选择功能发挥的大问题。学校教育是一个长期过程，选择功能的实现要到学校教育的顶端，也就是大学之后才能显现出来，这种选择功能显现的顶端化导致低端和中端的学校不得不力争升学率。

以上都是对学校甄别选拔功能的异化。其实学校对学生的甄别选拔不是给学生排队分优劣，而是对学生的未来发展进行疏导分流，甄别后形成的只是发展方向上的差别，而不是优劣好坏的差别。在不同的学校上学所需要的基础应该有差别，毕业后从事不同的社会职业的基础也是有差别的。这些差别背后是社会生活的丰富性，而不是层级性。甄别和选拔也不是以成绩为唯一标准的，而是要综合学生的个性特征、能力素质和气质风貌。学校通过甄别选拔功能将学生分流到适合的方向，而不是将其镶嵌在优劣划分明显的固定结构里。

2. 功能发挥的形式——整齐划一，忽视现实特性

学校功能发挥的另一偏差表现为过于追求整齐划一，忽视学校教育活动的现实特性。这种偏差会导致两种严重后果：一是学校发展平庸化，没有特色，千校一面。二是学生素质标准化，缺少个性，千人一面。

对学校功能所进行的整齐划一的统一管理，导致学校发展具有强烈的逐优性和趋同性。

所谓逐优性，指学校不是从自身实际出发设计一个适合自己的整体发展规划，而是看同类学校中的优质学校取得了哪些发展成绩、这些成绩是怎么取得的，弄清楚之后各个学校便开始发力学习追赶。这种追逐优质学校的心态在基础教育学校发展时非常普遍。农村普通学校按照农村优质学校的模式发展自己，农村优质学校按照城市学校的模式发展自己，城市学校又按照城市优质学校的模式发展自己，城市优质学校在国内找不到追随者，就开始按照国外学校的模式发展自己。这么一圈下来，我们就会发现，从最普通的学校到发展很好的优质学校，无不蔓延着一种找个发展更好的学校去模仿的心态，这种学校发展的逐优性思维导致中国学校很难走出一条有自己特色的发展之路，更谈不上发展出自己的学校特色。

趋同性是指在学校整齐划一的管理体制下，各校的发展目标、发展内容和

发展措施基本相同，趋同性将直接导致学校同质化。有研究指出，学校同质化是我国基础教育生态系统的真实写照。放眼全国的中小学，从追求升学率、重视校园安全、努力扩大招生规模、举办学生竞赛，到学校新建、扩建教学楼、宿舍、食堂、体育场馆，甚至到学校墙上的宣传标语和校园里的花坛、雕塑设计，再到学校的管理制度、作息时间、师资配置，都表现出了强烈的趋同性，千校一面的局面逐步形成。其实，这种强烈的趋同性可能是前文所述的逐优性的一个结果，大家在发展的问题上都逐层向上学习借鉴，最后的结果就是虽然学校层次不同，实际状况差别显著，但它们都暗自共享着一种关于发展什么和如何发展的逻辑。

学校功能发挥形式的整齐划一也直接影响到学校的毕业生。在统一的课程体系、教学模式、教学环境、评价导向的综合作用下，学生走出校门时所具有的知识结构、能力水平、思想境界基本都在一个相差不大的水平，他们看待事物的立场、思考问题的方式、做事情的行为模式等也具有强烈的相似性。缺乏个性、千人一面的基础教育毕业生群体由此形成。有人形象地将学校比作生产标准件的工厂，而学生就是学校在这条流水线上生产出来的标准件。

3. 功能发挥的品质——服务意识淡薄，价值缺失

学校功能发挥要立足于受教育者价值诉求的满足。在纷繁复杂的价值诉求体系中，满足学生发展需求、服务学生成长成才是最根本的价值诉求。但是，就学校功能发挥的品质而言，服务意识淡薄、价值缺失的情况在基础教育学校中屡见不鲜。

学校教育活动本应是在教育专业理论和知识指导下的专业活动，但在学校教育实践活动中，教育专业理论和知识经常被悬置不用，或者被错误地使用。于是就出现了教育理论工作者和教育一线实践工作者之间的隔阂。前者指责后

者需要加强理论学习，提高教育活动的专业程度；后者则指责前者的教育理论和知识脱离实践，不能改善和指导他们的工作。在相互指责中，中国基础教育出现了教育理论文本繁荣与教育实践问题丛生并存的畸形局面。是中国的教育学者不够努力，他们研究出来的教育理论和知识不科学、不好用吗？还是中国的一线教育工作者太僵化、太顽固，刻意抵制这些教育理论和知识？显然都不是。笔者认为在教育理论和教育实践之间出现如此巨大的隔阂，与学校在功能发挥时没有建立好理论知识和实践操作的沟通桥梁有重要关系，也就是说这些理论和知识根本没有真正地走进教育实践。

笔者以教师上课之后布置作业为例简单说明这一现象。教师要布置课后作业，这是基础教育中再寻常不过的一件事情。常见的做法是教师告诉学生单词写多少遍、习题做多少道、作文写多少字等。有些家长开始模仿教师给自己的孩子留作业，关注点也集中在单词的遍数、题目的道数等孩子做作业的"量"上。教师对作业的检查就是看学生是否拿出了数量足够、文本工整、答案正确的作业，家长督促检查孩子的作业也是集中在数量充足和文本工整等方面。这个过程看起来真的没有什么专业技术含量，以至于学生干部都可以给其他学生布置作业。布置课后作业、检查作业沦为谁都可以干的简单工作，本应教师特有的专业话语权力被彻底架空，谁能布置作业看的不是是否具有专业理论和知识，而是是否对学生有管理资格，专业权力被管理权力所取代。但布置作业真的不需要教育专业理论和知识吗？当然不是，教育实践中不用专业知识并不能说明专业知识没有用，能说明的只是这个教育实践没有使用应有的专业知识。从教育专业知识的角度看，课后布置的作业有很多类型，如巩固型的作业、训练型的作业、体验型的作业、反思总结型的作业、应用拓展型的作业等。不同类型的作业布置和完成要求是不一样的，功能和作用是不一样的，检查作业完成与否、完成好坏的方式方法也是不一样的。以巩固型作业为例，我们常见的单词或者汉字词语写多少遍，一般属于这种类型，这种作业主要是为了对抗大脑对单词和汉字的遗忘。人脑的遗忘是有规律的，艾宾浩斯遗忘曲线大致描述了这一过程。我们可从中了解到，复习巩固的时间点非常重要，只有在适合的时间复习巩固才能取得良好的效果，不能只看复习巩固的次数和数量。如果以这条专业知识来指导教师布置作业就应该是这样的：除了有单词写多少遍之外，还要有什么时间去写这些单词，在检查作业完成好坏时除了要看数量充足、文本工整外，还要看是在什么时间完成的。教师要计算好最佳的复习巩固时间，并明确要求学生在特定的时间段完成这种复习巩固型的作业。有的学生为了放学后能有更多的时间玩耍，在课间的时候就把作业写完了，回家后当家长询问时，学生会理直气壮地说在学校时就写完了。家长可能还会就此对学生进行表扬，甚至教师也觉得这么积极地做作业应该表扬。有的学生则是在上课要交作业前匆忙完成，在教师收缴作业的最后时刻足量写完交上，教师对此一般也不做批评。其实这都是不懂专业知识、不用专业知识的做法，可以说这样的作业根本不能发挥其应有的功效，对学生来说，这样落实作业，作业就沦为一个体力活、一项只是做给别人看的任务。即使偶尔有教师认真地要求学生按时间点来完成这种作业，也无法得到家长的配合，甚至会招来家长和学生们的非议。由此看来，学校教育活动并不是没有专业技术可言，而是我们的很多教师与家长不懂教育专业理论和知识，以至于形成了一种学校教育活动没有专业技术性的错误舆论，而这样的错误舆论加剧了教育实践工作者对教育专业知识的抵制和排斥，他们就更加不用、不学教育专业理论和知识。由此进入了一个恶性循环，不断地拉大教育理论和实践之间的鸿沟，最终耽误的是学生的学习与发展。

有些学校盲目竞争"苦"学。学校功能发挥本应通过提供场所和师资等多方面的服务与支持来促进学生的学习发展。但是在教育实践中，学校间的各种竞争、学校内部学生间的各种竞争导致这种功能的发挥出现了较大偏差，一些学校逐渐由一个服务提供者的中立角色演变成一个强力管控学生必须接受各种服务和支持，以帮助学校在各种竞争中取胜的主动角色。

在家长的期望、高考的竞争面前，有的学校在功能发挥上逐渐迷失了自己的定位，更多的是扮演学生命运的改造者、贫苦底层家庭学生的救世主。有了这样的角色定位，学校就可以站在这个位置居高临下地指挥家长、告诫社会，进而严厉地管控和逼迫学生。学校甚至言明他们也不想这么做，但是没办法，学生要在这里苦拼才能在高考中胜出。笔者认为，高考确实可以改变命运，但这不应成为鼓励苦学的理由。

第一，全体苦学并不能在高考中制造更多赢家。单就录取而言，高考是一个类似零和游戏的活动，高考录取率是固定的，各大名校给各个省份留下的名额也是固定的。每个苦学学生高考成功的背后一定是另一个苦学学生的失败。高考不会因为某个省的全体考生都优秀而为这个省多准备一些指标，名校也不会因为全体考生都优秀而多给出一个名额。因此，倡导全体苦学的高中教育并不能在高考中制造更多赢家。所有人在进行高强度的苦学之后去参加高考，跟所有人在进行一般强度的轻松学习之后去参加高考一样，都不会改变高考的整体录取结果。

第二，一所学校大搞苦学会胁迫其他学校都搞苦学。面对家长和学生在高考中胜出的强烈诉求，有些学校只能选择努力营造逼迫学生苦学的氛围，于是很多高中生都陷入了逼迫学生苦学的旋涡。对第一个搞苦学的中学而言，它不仅不能把更多的高考胜出机会带给自己的学生，反而把更多的学习负担带给了全省的高中学生。

第三，被迫苦学和主动奋斗不是一回事。姑且不论高考胜出是否一定能改变命运，单看高考胜出背后的苦学，也是有不同情况的。通过苦学拼搏在高考中胜出的学生可以分为两种：一种是发自内心的愿意拼搏奋斗的主动苦学高中生，一种是在严厉的管控威胁下无意识被动苦学的高中生。虽然最后都在高考胜出，但两者显然不是一回事。主动奋斗的高中生胜出是个人的品质使然，被迫苦学而胜出的高中生则是他人严厉管控的结果。前者胜出符合高考甄别社会精英的初衷，后者胜出则可能为社会选出了一个毫无主动精神的听话的学习机器。

（三）新增学校功能诉求未得到足够重视

一事物因其基本功能诉求而被创造出来，更因其有价值的功能供给而存在并发展下去。但当一个事物已经现实地存在时，它的功能就不再那么确定了，因为它可以被拿来做多种事情。从学校历史发展的过程来看，学校的功能不是一成不变的，不同的社会要求教育承担的角色是不一样的，对学校功能的诉求也有差别。随着社会的发展，人们对学校的功能诉求会发生变化，当然也会新增一些功能诉求，因此，学校必须适时调整自身的功能发挥，适应社会发展。如果学校对社会新出现的功能诉求视而不见，不积极主动地调整功能发挥予以应对，那么这样的学校将被淹没在社会发展的大潮中，没有生机和活力，甚至被社会淘汰。

改革开放以来，中国社会发生了翻天覆地的变化，中国的基础教育也取得了骄人的发展成就，这显然也对基础教育阶段的学校提出了更多的功能诉求。但是我们的学校在功能供给上，对新增的学校功能诉求重视不足。青少年的生命问题、安全问题、健康问题、品行问题、纪律问题乃至人格问题等，似乎都是存在教育的失误造成的，进而又都归咎于学校教育的失败。于是学校教育遭受了更多的指责，对学校提出了更多的功能诉求。随着社会发展，社会对教育的功能需求呈现多元化的发展态势。在人民满意的教育理念下，很多新的学校功能诉求得不到学校的正面回应，影响了基础教育整体的质量提升，还引发了学校功能替代现象，加剧了教育发展的复杂程度。

1. 被忽视的新增学校功能诉求

第一是信息素养培养方面的功能诉求。信息素养培养是随着社会发展新增的一种学校功能诉求，但学校教育对此显然不够重视。互联网时代的到来正冲击着人类社会的方方面面，信息已经打破了时空界限，充斥在人类生活的各个角落。要在这样的时代生存和发展，人们显然需要更合理的信息观念、更丰富的信息相关知识、更强大的信息处理能力。当这种需要变成一种全民的生存和生活需要时，也就成了学校必须去迎合的一种合理需要，也就是一种新增的学校功能诉求，我们暂且把这种新的功能诉求叫作信息素养培养功能。

学校是保存和传递知识的重要场所，也是一个人求学和社会化的重要场所。但在高度信息化、网络化的社会中，人们能够通过越来越多的学习渠道获得有用的知识。学校显然已经不是唯一的知识来源和社会化场所。在信息网络化社会里，各种超文本的知识信息通过各种媒介充斥着社会的各个场所，知识学习和技能训练已经打破了原有的学校场域的时空限制，网上的慕课（MOOC）、电脑里的虚拟仿真操作系统等新事物的出现、新技术的使用使知识可以通过学校以外的许多途径获得。另外，借助微小终端设备实现信息无线高速传输的移动互联网使得信息的获取也打破了时空和个体能力的限制。在网络覆盖的世界中，无论你在哪里，无论你具有什么样的知识背景，信息和知识几乎都是唾手可得的。信息和知识对这个时代的学生来说，已经不是如何获取的问题，而是如何筛选、使用的问题。我们不再需要花费大量的时间去记忆知识和信息，因为它们已经被分门别类地存储在互联网里，且我们可以轻易地查阅它们。我们需要的是怎么检索信息和知识、怎么筛选鉴别我们需要的信息和知识。传统学校所发挥的知识传递功能、引导学生在学习过程中对知识的记忆和储存功能显然要做出调整。学校教育将由专注于知识和信息传递功能的发挥转向专注于学生信息素养培养的功能。在这种情况下，学校必须重新审视自己的功能，适时应变地对来自各个方面的影响加以选择，发挥其组织、调控的作用。

学校可以垄断文化传递的权力，但是再也不能垄断文化传递的能力了。信息时代到来后，信息量呈爆炸式增长趋势，信息传播途径也更为便捷，这使得学生可以获得除学校、课堂之外的更多信息。对于处在海量信息包围中的学生而言，如何甄别和利用有效信息显然已经成为青少年发展中必不可少的一项技能。学校显然是一个开展青少年信息素养教育，引导青少年甄别和利用有效信息的理想机构。虽然处于信息时代的学校不再是获取知识与信息的唯一渠道和权威渠道，但学校教育有着其他教育机构无法比拟的优势与特色，将发挥越来越重要的作用。学校教育应该对新问题、新情况做出回应，在新的背景下做出抉择。但是，学校对学生信息素养培养的功能发挥并不理想。

第二是生活关照方面的功能诉求。如果说信息时代的到来在教育目标和内容方面对学校提出了新的功能诉求的话，那么人民生活水平的提高和学校布局的调整则在学校教育活动形式方面对学校提出了新的功能诉求。在人民满意的教育发展新时期，孩子们在基础教育阶段接受的教育已经不是单纯的读书上课，人人都要"上好学"的价值诉求已将"上学"这件事情扩展为学生从家里到学校的交通问题、学生在学校从喝水吃饭到穿衣洗漱睡觉的生活问题、学生在学校从人身安全到环境舒适的问题、学生在学校从文化知识的学习到身心健康全面发展的问题。以前上小学大多是学生步行，后来城市家长开始接送孩子上下学，现在农村家长也开始接送孩子上下学。前些年基础教育阶段的"上学路上"的童趣逸闻逐渐从现在的教育体系中消失了，随之而来的是家长对学生如何能够更安全便捷地从家庭到学校的诉求。与家校距离、交通状况、校车等要素相关的上学交通问题成为家长对学校提出的最新学校功能诉求。随着基础教育学校布局的调整和我国基础教育阶段学龄人口缩减与流动的影响，寄宿制学校和校车制学校大量出现。在这样的学校中，学生的上学时间必然会增加从喝水吃饭到穿衣、洗漱、睡觉等生活方面的问题，因此，学校在完成教育培养和人才选拔等基本功能的同时，与食堂、宿舍、校车等生活服务设施相关的生活关照功能也得到了越来越多的关注和重视。学校所提供的环境不再是单纯的学习环境，而是要按照安全、舒适、环保等更高的要求为学生提供的生活场所，学生在学校这个场域中不仅要学习，更重要的是要在这个场域过上快乐的生活，并在这个生活中实现身体和心理的全面和谐健康发展。

第三是个性发展方面的功能诉求。在学生发展的问题上，学校所提供的帮助和指导主要集中在常设科目的知识技能方面，在班级授课制的大背景下，教师对学生的指导也多是统一要求居多，个别指导偏少。随着社会的发展，个体竞争更为激烈，为了能在激烈的竞争中保有一定的优势，家长和学生的个性发展诉求越来越强烈。除了学好国家规定的基本课程之外，很多学生还有依据自己的兴趣、天赋、未来规划产生的个性化发展诉求，但是学校现在无法提供这样的教育服务，满足不了这种新的教育功能诉求。于是，基础教育阶段各种校外特长班、兴趣班大量存在并快速发展，甚至逐渐形成一个新兴的教育服务产业。这恰恰说明了我们的学校教育没有很好地进行相应的功能供给。学校教育没有关照到家长和学生的新的功能诉求，所以他们只好到学校外面找其他的机构满足发展需求。

2. 学校功能替代增加了基础教育发展的复杂性

功能替代（functional substitutes），又称功能对等（functional equivalents）或功能选择（functional alternatives）。美国社会学家罗伯特·金·默顿在对传统的功能分析理论进行回顾和评述时提出了这一概念。默顿指出，传统的功能分析所坚持的"不可或缺性假设"是值得反思的。因为"这个假设忽略了下述事实，即其他社会结构，在尚待考察的条件下，可能履行对于团体之存在必须的功能……我们必须提出一项功能分析的重要原理：正像同一事物可以具有多种功能一样，相同的功能可以由多种事物所提供"。

学校作为专门提供教育的机构，其功能发挥过程中显然也可能存在功能替代现象。当人类学介入教育研究后，产生了两个重大发现：一是学校教育不是教育的全部，只是教育中的一种主要形式。二是学校不仅发挥教育功能，还发挥许多衍生的功能。学校教育也并不是唯一履行某些功能的机构，在一定条件下，履行其功能的功能归属事项可以有一个变异的范围。换句话说，当学校教育缺失时，社会的其他机构可以在一定条件下替代它来履行相同的功能，满足社会的功能需求，以维持社会的生存和发展。同理，当学校教育由于某种原因，不能充分履行其功能，满足社会的功能需求时，社会的其他机构也会替代性地履行其缺失的功能，以满足社会的功能需求，维持社会的生存和发展。本书所述的学校功能替代是指当人们对学校提出的很多功能诉求没有在学校的功能供给中得到相应的满足时，学校之外的机构和活动逐步出现并替代学校满足这些诉求。

如前文所述，在人民满意的教育发展新时期，一些新出现的教育功能诉求在学校教育中被忽视，人民的教育诉求在学校教育系统中无法得到满足。于是大到辅导学校、小到课后辅导班，形形色色的教育功能替代机构开始出现并满足学生的个性化发展诉求。同时，在学校周边的各种小吃摊、盒饭点、伙食包月、私人公寓等作为学校的功能替代机构大量出现并满足学校的生活关照功能。私人以各种车辆提供的学生接送服务则替代了学校的校车服务。这些功能替代机构和活动虽然能够满足一部分学校教育功能诉求，但是它们毕竟不属于教育系统，缺少有效的监管和行业规范，从业人员缺乏专业知识和技能。在人民满意的新时期，学校教育功能新诉求如果依靠它们来满足的话，则会存在太多的安全隐患和不确定性。

在教育诉求满足的问题上本就存在两种策略：一是丰富学校的功能供给，通过拓展学校功能努力满足新出现的学校教育功能诉求。二是放任功能替代现象，通过规范与引导功能替代的机构和活动来满足新的学校教育功能诉求。应该说两种策略各有优劣，本书暂且不论哪种策略更为合理，仅以学校功能替代催动教育服务产业迅猛发展为例，对此进行简单分析。

教育服务产业并无统一通用的内涵，笔者参照著名市场研究公司美国教育风险公司在《什么是教育产业》一文中关于"教育服务产业"的论述对教育服务产业做出如下界定：教育服务产业是以提供教育服务为主的行业统称，目前主要包括各级各类教育培训辅导、教育服务咨询与中介、教育教学用品开发设计等收费服务产业。作为一个新兴产业，教育服务产业市值正急剧增长，市场规模也急剧扩大。如此庞大的市场肯定需要大量从业人员。每年新东方、安博教育集团等大企业都会在全国各大高校招聘人才，而一些规模较小的地区性质的教育服务产业也会在每年冬季开始在当地最有影响的几所大学里设置招聘地点，聘用校园代理等。

从表面看，教育服务产业一片繁荣，但是其发展隐藏着多种隐患。由于教育服务产业准入门槛低、行业利润巨大以及竞争激烈，这些机构良莠不齐，过于分散，造成教育服务产业市场的种种乱象，弄虚作假、乱收费、为签单胡乱承诺、卷款倒闭等现象时有发生。每年都有大量的学生及家长上当受骗，以至于很多学生和家长对教育服务产业的诚信度和服务质量处于高度敏感状态，这对整个行业的良性健康发展带来了极大的负面影响。

教育服务产业出现种种问题的原因很多，但有一点是各大企业一致认同的，即它们需要具有更高专业素质的从业人员。从业人员的素质提高了，教育服务产业的服务质量自然会有所提高。当前，教育服务产业的很多从业人员来源比较复杂，他们的工作没有教育理论指导，缺少教育精神规约，以致出现种种违背教育基本精神的权益纠纷。教育服务产业虽然不同于公立教育事业，但是其从业人员从事的是影响人身心发展的教育工作。这个行业的健康发展需要更多懂得教育的、具有高尚教育情感的专业从业人员。

应该说教育服务产业的迅猛发展是学校功能替代的一种必然结果。教育服务产业正是瞄准了人们新增的教育功能诉求而发展起来的。这也说明了一个重要的问题：学校教育未能很好地迎合新出现的学校功能诉求。学校功能如果不拓展，新增的学校功能诉求会继续通过学校功能替代来得到满足，教育服务产业就会越做越大。但是，经过初步分析可以发现，现在这个产业还不成熟，缺少专业的从业人员和行业规范，当人们不得不抛开学校，转而向教育服务产业寻求教育功能诉求的满足时，这种替代机构和活动所提供的教育功能供给质量成为需要慎重审视的问题。学校功能替代现象在满足人们教育功能诉求的同时，也增加了基础教育发展的复杂性。

需要指出的是，除了功能替代的问题还有功能重心转移的问题。与教育功能的重心转移特征一样，学校教育功能也经历了由单项向多项功能转变、由突出局部功能向注重整体功能的发展转变过程。人类社会发展到今天，已经到了需要学校整体协调地发挥各种功能的时候了。学校应正视人民新出现的多种学校功能诉求，努力拓展学校功能供给，迎合时代发展需要。

当然，很多学校的教育功能处于潜在状态，能否发挥出来取决于学校教育系统所处的环境和其他各种相关要素。学校教育功能供给一般也只面向一部分主流的教育诉求，这些择定的教育诉求能否转化为学校的教育功能取决于学校教育系统正常运作所需的资源是否得到充分满足，也受到学校本身的宏观结构和微观结构是否合理的影响。

（四）幼儿园功能的发挥

幼儿园的环境创设对于幼儿的身心和谐健康发展具有十分重要的作用，是幼儿园实现教育目标的有力保障。因此，在教育的基础上创设适合幼儿发展的幼儿园环境，一度成为新时代背景下幼儿园所面对的主要问题，这也是实现幼儿全面发展的教育目标。要使幼儿园充分发挥环境的育人功能，教师就应注重加强幼儿园的环境创设，针对环境育人工作的教学措施进行探究。

1. 环境创设以生为本，提高环境创设育人效果

在进行幼儿园环境创设的过程中，一定要注重以生为本，强调幼儿与环境的协调性，不仅如此，无论是在空间尺度方面还是在布局形式方面都应突出人文情怀以及文化品位。

首先，应注重考虑幼儿园环境创设的安全性。安全是一切活动开展的基本原则，只有在安全的环境下，才能让幼儿安心接受教育。对于幼儿园来说，安

全防护至关重要，在幼儿园的任何一个角落都要看出安全的痕迹。因此，在幼儿园环境创设时要充分考虑安全，这样才能够使幼儿园环境创设的育人效果得到保障。

其次，要充分考虑幼儿的学习需求。简单来说，教师应通过幼儿园环境创设来提醒幼儿注意安全。具体而言，在幼儿园环境创设的过程中，应注重标志语、生活设施等，以培养幼儿的认知能力和独立性。

最后，充分考虑幼儿的文化需求。每一次幼儿园的环境创设都需要确定主题，进而确保幼儿能在幼儿园环境创设中有收获，从而将幼儿园环境的育人价值充分发挥出来。

2. 环境创设注重个性，使环境富有魅力

在社会不断发展的背景下，人们对于学前教育越来越重视，这种情况促使幼儿教育获得进一步发展。在此背景下，越来越多的幼儿园修建得越来越漂亮，但是形式往往差别不大，缺乏个性、缺乏内涵。因此，在幼儿园环境创设的过程中，教师应注重个性化的环境创设，使环境更加富有魅力。不同的幼儿园应注重根据自身办学风格以及幼儿园特征进行幼儿园环境的创设，幼儿园环境的创设符合幼儿园自身的位置、角色、风格、功能的需求，利于形成幼儿园自身的特点。

为了将幼儿园的创设个性充分凸显出来，同时充分发挥环境创设的育人功能，在进行幼儿园环境创设的过程中，还应重视创设家园同步环境，只有幼儿园与家庭保持一致，才能真正获得良好的育人效果，才能真正让幼儿向着健康正确的方向发展。在此过程中，教师应注重开展家长会，在家长会中介绍教育工作的具体内容，同时提出家长需要配合幼儿园开展教育的实际要求，进而创设良好的家园同步教育环境，以此提高环境创设的育人效果。

3. 环境创设应注重教育，保证自身的教育性

在幼儿园环境创设的过程中，教师应注重教育性原则，也就是说应明确目标，并且将具体目标落实在周教育计划、月教育计划以及日教育计划当中，在目标的基础上与教育内容充分结合，进而开展幼儿园环境的创设活动。特别是在进行幼儿园墙面环境创设的过程中，一定要注重将教育理念以及教育目标渗入其中，并确保幼儿园环境创设的教育性，使幼儿园环境创设的每一部分都有利于幼儿的德、智、体、美、劳全面发展。教育性原则就是指幼儿园环境的创设具备一定的教育意义，也可以根据幼儿园相关教育目标进行环境创设。另外，由于幼儿正处于成长的初级阶段，因此在环境创设的过程中，一定要注重环境创设的启发性，这样才能使教育性原则充分发挥作用，进而使幼儿园环境的育人功能得到充分发挥。在此过程中，教师可以创设幼儿感兴趣的环境，或者是幼儿在日常生活中、在学习过程中接触过的相关教育内容，启发幼儿思维。

4. 环境创设注重自主性，提高环境创设育人质量

在以往幼儿园环境创设的过程中，通常情况下，环境创设都会使幼儿的思维及行为依附于教师的思维及行为。在开展幼儿园环境创设的过程中，幼儿园所提供的相关材料都是根据幼儿的兴趣爱好以及能力水平进行选择的，这意味着教师与幼儿之间是相互合作的关系，这样幼儿会对环境创设更加感兴趣。因此，教师一定要重视环境创设过程中幼儿的自主性，以此促使环境创设育人质量的有效提升。另外，以往教师更注重在内容的条条框框下开展环境创设，这意味着幼儿容易受到环境影响，不能根据自己的思想去认知环境。

因此，在幼儿园环境创设的过程中，教师应充分信任幼儿，尊重幼儿，将幼儿看成一个独立的个体，让幼儿发表自身对于环境创设的看法，从而提高幼儿的主体意识。基于此，在幼儿园环境创设过程中，教师可以与幼儿一起针对环境创设进行讨论，重视幼儿对于环境创设的想法，这能够使幼儿对于环境创设更感兴趣，进而有利于环境创设育人作用的发挥，使得环境创设功能能够充分发挥出来。

5. 体现环境材料的教育价值，充分发挥环境材料的作用

想要使环境创设的育人功能充分发挥出来，还应重视将在进行幼儿园环境创设的过程中所运用的环境材料的教育价值充分发挥出来。在此过程中，部分教师对于幼儿园环境创设的材料所能实现的教学目标缺乏考虑，并且材料缺乏针对性，限制了幼儿园环境创设教育功能的发挥。因此，在幼儿园环境创设的过程中，教师应注重对每一种环境材料所蕴含的教育价值进行充分了解，然后在幼儿园环境创设的过程中将材料的教育价值充分体现出来，同时引导幼儿了解环境材料的教育价值。

另外，要想充分发挥环境材料的教育价值，以促使幼儿园环境创设功能的充分发挥，那么教师一定要注重明确每一个墙面装饰的教育价值，并在此基础上将墙面装饰与幼儿实际生活充分结合，使幼儿能够对于墙面装饰更加熟悉，这种情况下幼儿也会更加愿意并充满兴趣地去了解墙面装饰。墙面装饰的有效完成并不意味着教育活动的结束，教师应注重在日常教学过程中引导以及组织幼儿针对墙面装饰内容进行收集、整理，使墙面装饰更加丰富，在此基础上，幼儿还能够学会认真观察身边发生的事情，从而促使幼儿观察能力获得充分发展。

6. 提供环境创设参与机会，充分发挥环境影响作用

在幼儿园环境创设的过程中，应充分发挥幼儿的主观能动性，充分发挥

环境创设对于幼儿的积极影响，使幼儿能够积极主动地在幼儿园环境创设中获得知识，使幼儿的创造能力、思维能力都能够获得一定发展，进而促使幼儿园环境创设的育人功能得到充分发挥。教师应注重在开展幼儿园环境创设的过程中，为幼儿提供参与到环境创设过程中的机会，进而使得幼儿成为环境创设的参与者及创造者。

在此过程中，教师应该做到不深入干预幼儿活动，让幼儿能够自由自主地选择活动内容、活动材料以及活动伙伴，让幼儿自主决定应该怎样创设幼儿园环境，这能够在较大程度上促使幼儿产生参与到幼儿园环境创设过程中的欲望。另外，幼儿的各方面能力发展水平有限，故而幼儿在参与幼儿园环境创设的过程中，一定会遇到各种各样的问题以及各种各样的困难，因此，教师应适当参与到幼儿的创作过程中，帮助或者引导幼儿解决困难以及所遇到问题，在充分发挥幼儿主动性的同时，给予幼儿适当帮助，更有利于幼儿园环境创设充分发挥育人功能。

7. 加强重视精神环境创设，全面发挥环境育人功能

精神环境就是指在幼儿园中，人与人之间的关系以及幼儿园的风气和气氛等。虽然精神环境不具备物理实体，是一种隐形的环境，但是精神环境对于幼儿的发展，特别是对于幼儿的情绪发展、情感发展以及个性品质发展来说具有非常重大的作用，因此，在进行幼儿园环境创设时，教师一定要重视精神环境创设，使幼儿园环境创设的育人功能能够全面并充分发挥出来。在此基础上，教师应做到积极针对幼儿进行情感教育。简单来说，在幼儿园日常生活中，总会发生各种各样的事件，而这些事件具有非常强的教育意义，教师可以在这些事件的角度上，针对幼儿开展情感教育，引发幼儿的情感共鸣，这会使幼儿的行为在潜移默化的影响下发生变化，还能够起到减少同类事件发生的作用。

　　总而言之，幼儿园环境创设能够使幼儿更加全面发展，幼儿园环境创设对于幼儿的心理健康发展也具有十分重要的作用，因此，教师应充分意识到幼儿园环境创设的重要性，并建立在促使幼儿全面发展目的的基础上开展幼儿园环境创设，不应仅考虑其美观性，更要充分考虑其育人功能，这样幼儿园环境创设才能够充分发挥其作用价值，能够在较大程度上促使幼儿园教育水平的有效提高。

第三节　基础教育科学发展视野下学校功能发展建议

　　学校作为落实基础教育的底层机构，其功能定位是否准确适合、功能发挥是否正常有效会直接影响基础教育的具体发展实效。拟以前文所述之合理发展对学校功能发挥的基本要求来分析当前学校功能发挥的问题，并给出改善学校功能发挥的对策。基于前文对基础教育阶段学校的原有功能发挥存在偏差和新增功能未能充分重视的情况所做的分析，虽然没有直接套用合理发展所要求的价值之理、规律之理以及现实之理，但这些问题的出现不外乎三个方面的原因：一是在学校发展的方向上没有及时更新价值定位，二是在学校功能发挥的设计上没有充分尊重教育规律，三是在学校具体的功能发挥落实上忽视了现实状况。所以我们仍要以合理发展的视野为"理"，将学校功能发挥的"实"引导到"实理相合"的合理发展道路上来。

（一）树立全新学校功能观

　　基础教育发展到现在，涉及的价值诉求显然已经不是一个单一的价值体系。从"人人有学上"到"人人上好学"，从关注普及、关注均衡到关注质量、关注公平，基础教育发展的重心已经实现了多次跃迁转移，而每一次重心转移都会带来学校的发展变化。在目前以人民满意的教育为核心的基础教育发展新高点上，基础教育阶段的学校显然也要完成其自身应有的发展转变。新的基础教育发展阶段需要学校这一基层机构做什么？学校又能为新的基础教育发展做什么？本书认为这其实是一个关于学校功能定位的问题，从合理发展的理论框架出发，本书认为要准确和适合地给学校功能发展进行定位，需要实现如下三个方面的转变：在学校功能定位上，由单纯的学习场所转为学习生活兼顾场所，提高舒适性；在学校功能发展思路上，由关门办学转为开门办学，增强针对性；在学校功能供给形式上，要由供给方市场转为需求方市场，扩大选择性。

1. 由单纯的学习场所转为学习生活兼顾场所，提高舒适性

在学校的定位上，我们一直认为对学生来说学校就是学习的地方，但是随着社会的进步和教育质量的提高，人们对学校有了更多的、内涵更为丰富的要求，因此我们不能再简单地将学校看作学生学习的场所，还要看到学校同时是学生生活的场所。这种现实发展变化导致人们改变了以往对学校教育单纯要求学习条件好、学习效果好的单一诉求，逐渐形成一种包括提供生活辅助功能和个性化发展功能的多元价值诉求。面对这种多元价值诉求，学校功能发展的定位要从单纯地发挥促进学生学习功能转变为发挥学习和生活辅助等多种功能。一般基础教育阶段的学生每天约有三分之一的时间在学校度过，若是寄宿制学校，那就是全部时间都在学校度过。这么长的时间里，学生不只是在学习，他们要在学校里吃饭、喝水、上厕所，也要在学校里游戏、玩耍和交流……总之，学生是在学校里成长、生活的。这也许就是杜威所言的"教育即生活"吧。这样的定位转变要求学校除了满足学生学习服务需求之外，还要努力关照学生在学校里的生活需求。在人民满意的教育发展新时期，我们需要的"中国好学

校"应该是兼顾学生学习和生活的学校，而且教育发展到一定阶段后，学习功能的完善将不会再有大的提升空间，学校要想在"中国好学校"的道路上更进一步，显然要更多地着眼于生活辅助功能的拓展和完善。

2．由关门办学转为开门办学，增强针对性

我国的学校习惯于贯彻来自上级主管部门的意见和要求，实际上这形成了一条自上而下的封闭办学思路。学校发展的各个方面都来自教育行政命令，如此形成的学校功能显然更多的是在满足国家对基础教育的各种要求。在教育发展的起步阶段，这样的设计非常有利于在整体上提高教育质量和水平，但是在基础教育发展逐步进入人民满意的教育发展新时期后，这种从"上面"传递下来的办学要求可能会出现不能很好地关照多种社会需求的问题。这个阶段的学校要想进一步发展的话，显然应该将功能供给对象从只关注国家需求转向兼顾国家需求和社会普通民众需求。学校发展在坚守办学的政策性的同时，也要兼顾办学的针对性。由原来的自上而下关门办学转为兼顾多元价值诉求的开门办学，学校的功能供给不只要满足国家对基础教育的需求，更要关注学生、家长、社会机构，甚至是学校里的教师等各个群体的多种价值诉求。

3．由供给方市场转为需求方市场，扩大选择性

经济学中有卖方市场和买方市场的说法，前者主要是指市场上的商品供不应求，选择权在卖方，消费者没有什么选择，市场上卖方供给什么买方就只能消费什么，卖方的供给方向决定了买方的消费方向。后者主要是指市场上的商品供大于求，这个时候选择权就集中于买方，消费者从市场上卖方供给的多种商品中随意选择，选择哪个商品也就激活了哪个卖方，买方的选择决定了卖方的发展方向。其实这样的原理也可以类比学校功能供给形式。当学校功能发展处在供给方市场时，功能供给相对短缺匮乏，学校教育就只能满足特定的

需求，人民群众的多元价值诉求则无法关照。当学校功能发展处在需求方市场时，学校功能供给比较丰富，家长、学生、社会机构等都可以通过学校实现他们的功能诉求，而且可以通过多元功能诉求引导学校功能发展的方向。

本书认为，在人民满意的教育发展新时期，学校功能发展应该由原来的供给方市场转为需求方市场，让学校提供更多更为丰富的功能供给，让家长和学生获得更多的主动权，扩大他们的选择性。以育人功能为例，学校应由向学生提供标准化的套餐式育人服务改为向学生提供套餐加自助餐的综合性育人服务。改变以往由标准化套餐打造"千人一面"的标准件的局面，在课程设置上增加选修课的比例，在教学方式方法方面注意发挥学生的主动性，提倡使用丰富多彩的方式方法完成教学任务。

（二）发挥全面育人功能

育人功能是学校教育的基本功能，面对学校教育实践中育人功能发挥存在各种偏差的教育现实，本书认为要坚持遵循教育规律，发挥好全面育人功能。

对教育规律的遵循不能仅停留在政策、口号中，要让教育规律切实进入教育实践，在教育实践者的头脑里生根发芽。学校在功能设计上要遵循教育规律、利用教育规律。首先，要求学校教育各级管理人员成为懂得教育规律、尊重教育规律的人。中国的教育行政管理上到国务院、教育部，下到教育局、乡镇中小学校，各个层级都有主管教育工作的学校管理者。他们对教育的理解，对学校的理解，对教师、对学生等一系列问题的理解是否科学准确，都直接关系到学校教育活动能否健康运转，也决定了学校功能发展能否找到正确的前进方向、选择适合的方式方法。让懂教育的人去管教育，这是学校功能健康发展的前提。其次要求学校教育实践的一线工作人员真正了解教育规律、信任教育规律并使用教育规律。这类人员主要是教师，虽然我们对教师群体的基本假设是他们是具有教育专业知识、通晓教育规律的专业人员，但学校教育实践并非如此。基础教育实现合理发展显然要改变这种局面。各级各类的学校教师都要努力学习教育规律，在教育观层面重新树立教育规律的最高权威，在教育实践中积极使用教育规律和教育专业知识，真正成为具有规律底蕴的专业人员。

发挥全面育人功能要求学校以学生培养质量为核心，全面审视学校功能供给现状，努力改变学校教育对升学率的追逐、对学校选拔功能的刻意放大。结合正在推行的高考改革和课程改革，通过纠偏补漏系统地调整学校功能供给。具体而言，包括更正学校育人功能和选拔功能的简单对立，努力协调二者之间的关系，在育人和选拔之间建立一种相互促进的健康机制。努力办出学校特色，倡导学校发展由在升学率这个单一标准下竞争排队转为在多元价值诉求中以特色立校，特色强校，同时建立一个刚性底线要求与弹性个性养成相结合的全面育人体系。该体系下的全面育人要求学校既要赋予学生最基本的知识、技能、情感态度价值观，以让他们适应社会，又要赋予每个学生适合其特质的个性发展基础，以让其进一步发展。

（三）拓展学校功能

如前所述，面对人民满意时期学校教育的诸多新增功能诉求，基础教育发展本就有两种策略：一是坚守传统的学校功能设计，放任学校功能替代现象的出现，使基础教育呈现出围绕学校建立多种复杂组织的基础教育发展形态。二是打破传统的学校功能设计，通过拓展学校功能，迎合新的教育诉求，打压学校功能替代机构和活动，以功能丰富的新型学校为核心，打造基础教育发展新常态。本书认为不能放任学校功能替代现象的发展，应该从实际出发，积极拓展学校功能，通过打造中国好学校来满足人民群众的多元教育诉求。

对学校来说，传统的功能设计并非不可撼动，甚至可以说从社会发展的大趋势看，传统的学校功能设计必须做出改变。现代世界在精神文化方面的一个核心特征就是传统的那种统一的、绝对的、统摄性的价值信仰、精神权威的倾覆崩解。争议而非同意，思想的多样而非思想的统一，成为现代社会中引人注目的文化现象。无论是尼采说的"上帝死了"，还是韦伯说的"世界除魅""诸神复活"，指陈的都是现代文明的同一个主要特征：维系共同价值的神圣源泉已经被切断，相信生命的意义有其客观来源的信念已经被摧毁。因此，我们不能再从统一的传统观念来看待学校的功能，应该从社会实际、教育实际、生活实际出发去拓展学校的功能。本书以为打造基础教育阶段人民满意的中国好学校至少可以尝试拓展出如下几个方面的功能：

1. 学困帮扶功能

学校发挥学困帮扶功能主要是指学校出面组织教师对学习困难的学生进行针对性的帮扶，学校成立学困帮扶中心，面向全校征集志愿教师，也面向全体学生家长征集需要帮扶的学生，由帮扶中心统筹安排放学之后和周六、周日的学生学习辅导工作。

2. 特长养成功能

与学困帮扶功能一样，特长养成功能也是提倡学校出面组织各种特长训练班。学校成立特长培训中心，下面分设数学、作文、舞蹈、歌唱、乐器、体育运动等不同的小组，每组都指派相应的学科教师，也可外聘专业教师组成培训师资团队，面向本校或者邻近学校招收学生，利用学校业余时间培训学生特长。考虑到特长的种类较多，邻近的学校之间可以相互配合，每个学校的特长培训小组不必面面俱到，可根据学校实际情况选择擅长的项目重点发展，然后不同的学校再进行交流共享。如此，每个学校都承担一部分学生特长的培养工作，将邻近的学校组合到一起，一个由基础教育各学校参与的学生特长培训体系就建立起来了。

3．方便上学功能

接送孩子上下学是中国千百万家庭几乎每天都要面对的事情。方便安全省心的上下学显然是人民满意的教育的应有之义。本书建议基础教育阶段的学校正视这种需求，通过校车的形式完成接送学生上下学的工作。学校统一接送学生一方面可以省去家庭特意安排的用于接送孩子的人力和物力，另一方面可以缓解城市私家车高峰时段的堵车问题，节能环保。另外，学校还可以针对校车进行学生交通安全的统一规范管理，而且学生间也增加了一个以校车为平台的交流成长空间。根据学校规模和学生家庭分布情况，学校可在与学生家长协商的基础上选择自己购买校车或者购买有资质的公司提供的校车服务，同时协商好家长所承担的交通费用和乘车所提出的服务要求。一般规模较大、学生分布集中的学校可选择自己购买校车，成立校车营运部门。如果学校规模小，学生分布也比较分散，可选择购买其他学校或公司提供的校车服务。借鉴欧美学区内校车租赁营运经验，还可联合相邻的学校共同购买校车或者租赁校车服务。本书认为在我国基础教育阶段大力推进"就近入学"政策落实的大背景下，各校努力建设覆盖自己学校周边的校车交通体系，打造城市学区内校车营运平台都是学校功能拓展的重要方向。

4．生活关照功能

当我们追求人人都上好学、都能在一个更舒适的环境中接受教育时，学校所能提供的生活关照功能就成为家长们关心的焦点，甚至成为评价学校好差的重要标准。从学生在学校里的生活实际出发，本书认为，学校应尽可能地关照学生的吃饭、饮水、休息、游戏等生活问题。上学时的午饭是非常关键的一顿饭，基础教育阶段的学生正是长身体的时候，也是养成良好就餐习惯的时候。每天以吃从家里带来的冷饭、在路边摊买饭、在小卖铺买零食、在学校周边的小饭店搭伙等方式解决吃饭问题存在很多安全隐患，也不利于学生的健康成长。学校建立食堂和餐厅，成立餐饮部，向学生提供价格合适、营养均衡、卫生安全的伙食，可以杜绝这些安全隐患，让家长和社会省去很多不必要的担心。饮水也是有着强烈实际需求的问题。学生每天都要喝水，在学校不做具体要求的情况下，购买各种高糖、高热的饮料可能就是学生饮水的主要来源，这些饮料是否影响健康暂且不论，学生每天喝一定量的白开水总是对身体有好处的。学校应该能让学生可以在校园里随处轻松便捷地喝到健康的白开水，有些学校在校内安置学生温水饮水机的做法就值得借鉴推广。休息、游戏是学生学习之余的重要生活需求，也是调节学习活动的重要手段。学校应努力提供安全、舒适的休息、游戏环境，建立配套设施、制定规章制度，让学生在接受教育的同时能够将生活中的休息和游戏带进校园，让学校成为学生上学不嫌累、不嫌烦的好学校。我们可能无法做到杜威意所说的"教育即生活"，但要努力做到学校教育关照生活、贴近生活。当然，如果是寄宿制学校，考虑的生活关照功能还要更为细致。

5．游学交流功能

学校还应为学生的游学交流提供服务。学校成立外联部，负责联系并组织学生到企业、大学、国外参观考察项目。外联部先向全校师生征集他们有意向参观考察的目的地，向学生和家长反映集中的目的地并进行系统的筛选评估，规划出有教育意义的游学交流项目。然后对其进行科学的规划、周密的部署，形成切实可行的活动方案，在自费自愿的原则下为学生安排丰富多彩的游学交流活动。

从学校发展和满足教育需求的相互关系来看，学校可以分为三个层次：好学校是能引导教育需求的学校，一般学校是迎合教育需求的学校，不好的学校则是不顾教育需求的学校。在人民满意的教育发展新时期，教育需求非常旺盛。不好的学校在发展过程中不能满足教育需求，于是学校周围就出现了大量的学校功能替代机构和活动。这些功能替代机构和活动一方面赚取了家长的教育投资，另一方面牵扯了学生的时间和精力，导致原本应为学生提供教育的学校只剩下空壳。一般的学校在发展过程中努力迎合教育需求，合理的需求要迎合，盲目不理智的需要也要迎合，这样的学校只能在教育需求的导控下被动办学，没有自己的发展方向。好的学校在发展过程中应不断拓展自身的功能，将满足教育需求的权力牢牢掌控在学校手里。这样的学校在满足社会教育需求的同时也能通过精心打造的教育服务来引导教育需求的发展方向，形成一种在学校导控下的教育合理发展的局面。

第五章

我国基础教育发展探究

第一节　我国基础教育发展中的问题与对策

党的十八大以来，以习近平同志为核心的党中央高度重视教育发展问题，坚持把基础教育摆在基础性、先导性和全局性战略地位，围绕基础教育领域作出了一系列重大决策部署，为我国基础教育改革发展注入了强大动力，也为基础教育高质量发展提供了坚实保障，推动基础教育创新发展取得了突出成就。在党的领导下，伴随着国家教育改革和教育治理体系的不断推进，我国基础教育办学水平和质量不断提高，教育管理规范性日益增强，人民的教育获得感和幸福感进一步增强，基础教育的公平、质量和效益也进一步得到保障和提升。然而，我国基础教育高质量发展中也逐渐凸显出一些问题，一定程度上影响了基础教育发展的进程和水平，给我国教育综合改革和提升基础教育治理体系建设带来深刻影响。为促进基础教育高质量发展，提升基础教育服务国家和社会经济建设的功能，必须重视和解决我国基础教育高质量发展中的突出问题。

一、推动我国基础教育高质量发展具有重要的战略意义

随着教育治理体系的进一步发展，我国基础教育高质量发展已成为时代和

教育发展的必然选择，具有重要的战略意义。

（一）基础教育高质量发展是时代发展的强烈呼唤

在新时代，国家经济建设快速发展，科学技术日新月异，有力地推动了社会生产力的进步。党的十九大在承前启后、继往开来的关键节点上，对我国发展所处的历史方位作出新的重大政治论断，为制定党和国家大政方针提供了理论依据，进一步指明了党和国家事业的前进方向，具有重大现实意义和深远历史意义。中国特色社会主义进入新时代，我国社会主要矛盾已经转化为人民日益增长的美好生活需要和不平衡不充分的发展之间的矛盾。党的十九大对我国社会主要矛盾发生历史性变化的重大政治论断，深刻揭示我国经济社会发展的阶段性特征，为我们准确把握新时代发展所提出的新要求提供了重要依据和实践遵循。当前，我国正处于经济社会转型的关键时期，基础教育高质量发展是新时代推进国家治理体系改革和治理现代化建设的关键任务，是时代发展的必然趋势。

（二）基础教育高质量发展是教育发展的客观要求

教育是培养人的社会实践活动，基础教育是人才培养的重要阶段，事关国家未来教育发展大计，基础教育发展状况会影响国家整体教育发展水平。要促进我国教育高质量发展，培养大批优秀的社会主义建设者和接班人，就必须科学研判基础教育改革发展面临的新形势，解决基础教育高质量发展这一关键性问题。

在教育部召开的"十四五"国家基础教育重大项目计划实施部署工作会议上，怀进鹏部长指出，要科学研判基础教育改革发展面临的新形势，坚持从政治上看教育、从民生上抓教育、从规律上办教育，胸怀"国之大者"，善谋"党之大计"，有效实施基础教育发展提升重大项目计划，准确把握"三段一类"教育的不同阶段性发展需求，推动基础教育整体高质量发展。

由此可见，推动基础教育高质量发展是体现新时代社会主义教育事业根本宗旨和发展本质的深刻论断。基础教育高质量发展是深入贯彻党和国家教育发展大计的重要组成部分，准确把握教育的阶段性发展需求，为全面推进我国教育改革和教育治理体系的科学发展指明了前进方向，并提供了根本遵循。

（三）基础教育高质量发展是人民群众的热切期盼

教育关系到千家万户，是人民群众切身利益的根本体现。基础教育作为教育发展的重要阶段，与广大人民群众的切身利益最为相关。党的十八大以来，以习近平同志为核心的党中央，密切结合我国教育发展的实际，作出了一系列有关教育的重要论述和指示，确立"以人民为中心的教育发展观"和"办好人民满意的教育"。促进基础教育高质量发展，办好人民满意的教育，是深入贯彻习近平总书记教育思想的根本要求，是以人民为中心的发展思想在教育领域的集中反映和生动体现，反映了党和国家始终关注人民群众的根本利益，贯穿和展示着深厚的人民情怀。

根据国家教育统计数据，截至 2021 年底，全国共有义务教育阶段学校20.72 万所，在校生 1.58 亿人，专任教师 1 057.19 万人，九年义务教育巩固率95.4%。从数据可以看出，我国基础教育发展的平均数据和规模已居于世界前列，人民群众基本不再担心"有学上"的问题，而是期待更加优质均衡的高质量基础教育，即"上好学"，因此推动基础教育高质量发展是人民群众的热切期盼。

二、我国基础教育高质量发展进程中存在的问题

随着国家进一步推进教育治理体系和治理能力现代化建设，我国基础教育发展取得了巨大成就，基础教育结构更加合理、质量不断提高、效益产出明显，然而基础教育在高质量发展的进程中，暴露出以下六个方面的突出问题。

（一）教育焦虑剧增

我们知道，基础教育阶段是学生接受正规学校教育的初级阶段，也是最容易产生教育焦虑的时段。智课教育发布了《中国家长教育焦虑指数调查报告》，该报告通过网络发起调查，共收集来自全国范围内的有效问卷 3 205份，通过统计分析、对比验证以及参考外部研究文献等方法得出具有一定科学性的结论，指出基础教育阶段存在一定程度的教育焦虑。

首先，家长产生了一定教育焦虑。很多家长将教育竞争观念过早地渗透到孩子身上，甚至在孩子的幼儿园教育阶段就开始谋划。据相关报道，现如今幼儿园入学阶段的竞争也很激烈，许多家长要提前一年多就去"登记排队"，以便能进入所谓的优质幼儿园就读，甚至有些家长在孩子一出生就开始制订"竞争计划"，认为"不能让自己的孩子输在起跑线上"，一定要让孩子上优质幼儿园，从小培养孩子参与竞争的能力。在小学和初中阶段，很多家长就已经提前瞄准了初中的升学考试，让孩子过早地进入题海战术阶段，给孩子额外增加作业量，报各种教育补习班，家长的教育焦虑可见一斑。

其次，学生产生了教育焦虑。在家长过度焦虑的情绪和行动影响之下，学生通常会陷入过多的作业负荷、过多的培训之中，难有更多的时间进行自主阅

读和思考，过早地陷入教育焦虑之中，严重的甚至产生厌学情绪，难以感受到学习的乐趣，这与新时代国家所倡导的德、智、体、美、劳全面发展的理念相矛盾，学生的综合素质也很难得到全面提升。当前中小学生存在较为严重的教育焦虑问题，对学生身心的健康发展产生了较大影响。

最后，教师产生了一定的教育焦虑。在家长的学业期待和社会的教育竞争意识之下，过度的外在功利性因素加剧了教师的教育焦虑，教学也受到一定程度的干扰。有关调查显示，三分之一的家长认为学校教育就是教学生更多的学科知识，让学生接受更多学科知识的强化训练；对于兴趣班、特长班和提升学生思维能力的趣味活动课则持消极怠慢的态度，这不利于学校教师开展教育活动，对教师的教学和育人活动产生了一定影响。

（二）教育竞争加剧

首先，教育竞争加剧表现为教育的功利性增强，教育竞争越来越激烈，学生陷入繁重学习状态。学生除了完成学校正常学习和作业任务之外，还要承担更多的来自家长和环境的压力，学习任务繁重，学生经常性处于疲惫状态，极易对学习和个人发展产生迷茫。在"双减"政策之下，学校在一定程度上遏制了对学生学业情况的排名排序，但是受"学而优则仕"的影响，绝大部分学生仍然竭力应对教育竞争，对考试成绩和名次仍然过度关注。

其次，教育竞争加剧表现为中考的升学竞争异常激烈，中考的升学率普遍偏低。2021年全国中考报名人数为1 535万余人，其中中职学校招生488.99万人，占比32%，而普通高中招生人数仅904.95万人，占比59%。数据还显示，2016—2021年这六年里，全国中考升学率仅维持在57%左右，我国初中毕业生的总体升学率变动较小，每年均有超四成的初中毕业生无法升入普通高中。（见图5-1）

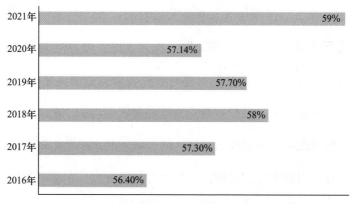

图 5-1　2016—2021 年全国初中升普高情况 [①]

（三）"五育融合"需进一步推进

首先，促进学生全面发展的认识需要提升。教育是一种培养人的社会实践活动，但是基础教育发展过程中仍然存在重分数轻能力、重升学轻培养的现象，离国家所提出的促进学生德、智、体、美、劳等方面的全面发展还有一定差距。学校、家庭和社会过于关注学生的智育发展，在其他能力的培养方面则偏弱，这与教育的根本目的相偏离，影响到学生的全面发展。

其次，促进学生全面发展的"五育融合"行动比较缓慢。当前，中小学校在教育教学活动中，缺乏对学生全面发展培养活动的制度设计和统一的行动规范，学校管理者、教师对日常教学工作之外的全面育人实践还存在诸多困惑，需要进一步增强学校在学生实践能力和综合素质培养上的力度，大力推进"五育融合"，以促进学生更加全面和充分地发展。

（四）教育资源配置需进一步优化

教育公平是促进社会公平的重要保证，是全社会实现公平正义的基石。当

---

① 数据来源：根据教育部发布的教育统计数据整理。

前我国正处于实现中华民族伟大复兴的关键时期，人民群众对美好教育的期待非常高，因此促进教育资源的合理配置，提升人民对教育的满意度，对于满足人民群众的根本需要和实现社会稳定都有着极为重要的现实意义。

首先，经济发展的差异性导致教育资源的配置不均衡。由于社会经济发展水平的差异性，我国东部、中部和西部地区的经济发展水平差距较大，教育资源配置存在很大差异。根据官方统计数据，在教育经费方面，东部基础教育的各项教育经费指标平均是中西部的 1 ～ 2 倍，在各项指标中，教育公用经费差距最大。

其次，城乡之间仍存在较大的教育差距。2021 年我国农村地区人口数量占全国总人口数的 60%，但是教育资源仍然非常欠缺，仅获得了全部教育投入的23%。从仪器设备值的配比来看，城乡差距继续扩大，小学生均教学仪器城乡设备值配比为 2.9：1，初中的配比值约 13：2，这显示我国的基础教育投入主要集中于城区，城乡之间的教育差距非常明显。另外，随着新课程改革的不断推进以及基础教育评价改革等政策的实施，许多农村学校在硬件资源不足的同时，还存在优秀教师外流现象，农村学校教师队伍结构性缺编问题仍然明显，难以适应新课改理念，学校之间的发展差距较大，制约基础教育高质量发展和育人模式改革。

（五）教育质量有待全面提升

教育质量是学校发展的决定性因素，基础教育在发展进程中出现了质量不高的问题。我们知道教学是一个双向活动，既涉及教师的教，也涉及学生的学，教育质量的提升需要发挥教师和学生的协同作用。基础教育学校要实现高质量发展，必须切实在提升教育质量上下功夫。但在教育改革发展的进程中，部分基础教育学校的教学质量不高，已影响到了学校的办学声誉以及生源选择，出现了优质学校"争着上"、普通学校缺乏吸引力的问题，存在严重的生源不足问题，影响了学校的办学效益，这与建立高质量的基础教育体系存在较大差距。

（六）科学的教育评价体系有待构建

教育部 2021 年 12 月 31 日发布《普通高中学校办学质量评价指南》（以下简称《评价指南》），《评价指南》强调要坚决克服单纯以考试成绩或升学率评价学校办学质量的倾向，不给年级、班级、教师下达升学指标，不将升学率与教师评优评先及职称晋升挂钩，不公布、不宣传、不炒作高考"状元"和升学率；提出要切实发挥教育的科学评价功能。教育部《评价指南》要求及我国基础教育发展现实状况，凸显了构建科学的教育评价体系的重要性。

首先，当前我国基础教育评价仍过于偏重教育评价的选拔性功能，这种取向一定程度上异化了我国基础教育目的，不利于关注和促进全体学生的发展，也不利于青少年个体的全面发展与个性发展。教育评价除了发挥选拔性功能之外，还应该发挥教育评价的育人和改进功能，切实通过教育评价让基础教育回归到人才培养和科学育人的轨道上来。

其次，教育信息化助推教育评价体系建设的效果不够突出。虽然国家和政府采取了一定的措施，促进了教育信息化的全面发展，但教育评价的科学化标准还没有形成，基础教育评价的科学合理的指标体系还没有系统构建。如何以教育信息化建设、大数据建设推进教育评价体系的建设，是一个亟待解决的重要问题。

三、解决我国基础教育高质量发展中问题的应对策略

基础教育是我国教育的重要组成部分，涉及广大人民群众的切身利益，要满足人民对美好教育的期盼，必须认真审视和着力解决基础教育高质量发展中

存在的问题。

（一）坚持以人民为中心的教育发展观，缓解人民群众的教育焦虑

基础教育是教育的奠基阶段，也是培养合格的社会主义现代化建设者和接班人的重要教育阶段。基础教育关系到人民群众的切身利益，是办好人民满意的教育的根本体现，因此要有效推进基础教育高质量发展，必须坚持以人民为中心，切实把人民群众的利益放在首位。习近平总书记多次强调"人民对美好生活的向往，就是我们的奋斗目标"。追求美好生活是永恒的主题，而在教育中，追求人民满意的美好的教育也是一个永恒的主题。

我国社会的主要矛盾已经发生了变化，现阶段的主要矛盾已经转化为人民日益增长的美好生活需要和不平衡不充分的发展之间的矛盾。从教育领域来看，以前国家是要解决人民群众"有学上"的问题，现在则是要解决"上好学"的问题。我们必须着眼于新时代社会主要矛盾的转化，切实以人民的利益为重，积极推进基础教育的高质量发展，进而为人民群众创造高品质生活，不断满足人民对美好教育的期盼。因此我们必须更加自觉、更加坚定地坚持以人民为中心，着力解决人民群众在教育发展中遇到的各种问题，不断提高人民群众在教育方面的获得感和幸福感，缓解人民群众的教育焦虑，为推动基础教育良性优质发展打下基础。

（二）加强教育决策与制度设计，营造基础教育发展的良性氛围

就我国基础教育发展的长远标准和要求来看，必须加强教育决策与制度设计，对基础教育的发展规划做好统筹安排，营造基础教育发展的良性氛围。

具体来说，一是要立足教育发展实际，提升教育决策与制度设计的科学

性。我国基础教育发展要立足于地方经济发展和教育发展需要，要把优先发展基础教育作为事关地方经济发展和改善民生的重要出发点，积极推进基础教育管理的科学决策，加强制度性设计，切忌把教育事务变成行政化事务。

二是要提升教育管理部门和学校决策者的治理能力。基础教育学校的主要管理方还是教育管理部门，学校的自主权相对有限，因此在响应国家教育方针政策的同时，还要注重提升多元教育治理主体的专业水准，积极发挥不同主体参与基础教育学校治理的能动性。首先要注重选用懂得教育规律的人担任教育主管部门的重要决策人员，严格评聘条件，让懂教育的人来管教育，让教育制度和政策的推行具有科学化的基础。其次要注重提升学校管理者的治校决策能力。学校管理的好坏与校长等管理人员是分不开的，只有学校的管理人员提高科学决策能力，以教育方针和专业伦理为价值导向，深刻洞悉教育本身的规律性，不断反思办学治校的实践过程，积极提升自身的教育智慧，才能有效推动基础教育决策的科学化。

三是要采取多种措施推动基础教育学校教育质量的全面提高。具体来看，可以深化基础教育学校与省内外名校合作，加强政策保障，面向全国引进优质教育资源；进一步加强教育科学研究，与相关的教育教学教研机构建立合作关系；多渠道筹措教育基金，发挥教育基金会作用，促进教育事业科学发展；此外，还要加强学校内部治理建设，包括完善校长和教师考核评价机制，侧重师德师风和教学质量考评；积极开展教学比武、教学研讨等活动，提高基础教育教师的专业水平与综合素养。

（三）以学生为本，推动立德树人落到实处

教育是一种培养人的社会实践活动，人才培养涉及育人和育才两项任务，

是两者有效结合的过程。要促进基础教育高质量发展，必须切实贯彻以学生为本，积极推动立德树人工作，具体来说要注重以下三个方面的内容：

一是要明确基础教育发展的客观规律，把提升学生的综合素质和能力作为教育活动的出发点。只有把握基础教育发展的规律，培养全面发展的人才，切实提升学生的综合素质，才能建设高质量的基础教育体系。

二是要明确立德树人建设对于基础教育学校发展的重要意义。基础教育阶段是学生奠定知识基础、形成人生观和价值观的阶段。要通过教育来培养社会主义的建设者和接班人，就必须抓住基础教育阶段的关键期，切实加强德育工作，培养学生树立共产主义远大理想和中国特色社会主义共同理想。党的十八大明确提出要把立德树人作为教育的根本任务，明确了基础教育学校人才培养的方向；党的十九大进一步提出要"落实立德树人根本任务"，进一步凸显了党和国家对立德树人根本任务的重视度。可见，党在教育方针政策的制定上始终坚持德育为先，强调坚定正确的政治方向，这有助于培养跟党走、扎根祖国大地、奉献人民的社会主义建设者和接班人。

三是优化学生培养过程，以立德树人推动教育教学改革。基础教育改革是国家教育治理体系改革的重要组成部分，在改革与发展的过程中要强调学生的主体地位，强化立德树人意识，这有助于学校管理者、教师明确责任意识，积极推进教育教学改革；也有利于培养学生全面发展的各项能力，最终培养出有理想、有道德、有文化、有纪律的"四有"时代新人。

（四）坚持教育公平性原则，优化教育资源配置

教育公平是社会公平的重要基础，坚持基础教育的公益性和普惠性，是中国特色社会主义教育的显著特征。要推动基础教育高质量发展，就必须坚持教

育公平。

第一，保障人民依法享有受教育的基本权利。党的十八大以来，国家出台一系列推进教育公平的政策方针，覆盖城乡的基本公共教育服务体系不断完善，我国基础教育领域在公平性方面迈出了重要步伐。今后一段时间还要进一步推进基本公共教育服务均等化，推进人民群众接受优质教育的机会公平。要有效实现这一目标，就必须着力健全义务教育优质均衡发展的保障机制，进一步统筹城乡义务教育发展，在落实和推进基础教育学校标准化建设上下功夫，努力让广大人民群众体会到更加均等化的基本公共教育服务。

第二，有效坚持教育公平需要合理配置教育资源。公共教育资源配置公平既是教育机会公平的重要途径，也是教育公平的更高层次要求。当前要促进基础教育领域的公平，需要抓住关键领域，通过合理配置教育资源进一步缩小城乡和区域教育发展差距，积极完善基础教育层面的奖助体系，建立政府主导、人民广泛参与、社会积极协同的教育资源配置机制，为基础教育的高质量发展提供支撑。

第三，坚持教育制度规则的公平性。促进教育公平是一个相对复杂的社会化和系统化工程，要切实推进这一原则的实施，就必须加强教育制度规则的公平性。具体来说，各级政府和教育管理部门在制定基础教育方针政策时，要通过科学化的规则程序征求更为广泛的社会意见，只有多元主体都能参与到基础教育的政策制定过程中，才能有效发挥教育公共治理的作用。

当然，坚持教育制度公平，还必须全面推进依法治校和依法治教的进程，坚持用科学的规程维护教育公平，积极推进教育信息化建设，努力办好人民满意的基础教育，进一步提升基础教育发展的质量和效益。

（五）切实提高学校教育质量，满足人民群众的教育需求

教育质量是学校的立校之本，也是学校实现内涵式发展和长远发展的根本保证。基础教育在学生的人生发展中具有奠基性作用，学校教育质量事关教育事业的健康发展和亿万少年儿童的健康成长。总体来看，经过长期不懈的努力和不断推进教育改革，我国基础教育事业发展已取得举世瞩目的成就。尤其是党的十八大以来，义务教育由基本均衡向优质均衡跨越，我国的义务教育已经从根本上实现了全面普及，基础教育的办学条件和质量不断提高。人民群众日益增长的对高质量基础教育的根本需求，和教育发展的不平衡不充分之间形成了矛盾。要办好人民满意的教育，就要持续推进学校教育的高质量发展，实现各级学校的优质均衡发展，让更多的学校满足人民群众的教育需求。

首先，政府要从办学质量和效益出发，积极制定相关的制度措施，提供与基础教育发展相配套的现代化教育资源，推动学校创造良好的办学效益。政府部门要贯彻质量意识，深刻认识到教育质量是一所学校的立校之本，在推动办学治校上要体现以质量为本的理念。要将治校兴校的理念贯穿到对学校管理的全过程，促进学校在提升教学质量上下功夫，不断提升教育教学水平，营造基础教育高质量发展的良好氛围。

其次，学校要提高教育管理效率。具体来说，其一是加强学校的教育质量意识的培养。学校管理者、教师和学生都应认识到教育质量对于学校长足发展的重要意义，这样才能在日常的教育教学工作中有计划地提升质量意识，做到有的放矢。从现实情况来看，当前学校管理过程中掺杂了一些功利性因素，教育质量的提升速度缓慢，因此需要从源头抓起。其二是要采取相应的提质措施。学校教育质量的改进是一个长期过程，因此需要学校加强制度设计，制订好长期、中期和短期提质规划，进而有步骤、有目的、有方法地提升教育教学

质量。其三是要强化课堂的主阵地作用，切实提高学校课堂教学质量。必须抓牢课堂教学，积极优化教学方式，注重学生的认知体验和情感体验，探索基于学科的课程综合化教学模式，倡导启发式和互动式教学，通过教学质量的改进促进学生在轻松愉悦的课堂氛围中取得进步。

再次，要采取措施提升学校治理的现代化水平。学校发展需要科学的理念和制度文化，因此要促使全体职工和学生参与学校办学治校过程，以提高学校的管理效能。教师在教学中要充分了解学生，了解班上学生的学习层次和学习需求，充分估计教学过程中可能遇到的困难与问题，注重学生的全面发展。教育管理人员也要深入课堂，多方面地了解教育教学效果，做到有监管、有反馈，不断提升教师的教学水平和育人水平。此外，对于教学质量优秀的教师，要给予一定的物质或精神奖励，在评优评先等方面给予一定的优惠政策，以树立榜样和典型。

最后，要注重提升学校的办学活力和办学特色。只有积极提升学校的办学活力，促进学校科学发展，让学校回归育人之道，切实提高学校的办学水平和育人水平，才能推进基础教育学校的高质量发展，满足人民群众的教育需求。

（六）创新基础教育评价方式，倡导多元评价

党和国家提出要深化新时代教育评价改革，这对于促进教育良性发展和高质量发展具有重要的指导意义。在基础教育评价方面，要注重教育评价方式的创新，倡导多元评价。

具体来说，一是要坚持发展性评价理念，加强政府对基础教育学校的合理监督与评价制度建设。政府对学校的监督不应该是形式化的检查，而应该是基于教育评价的客观需要，遵循教育发展观的基本规律，按照教育评价改革的

新形势与新要求，坚持科学发展观和正确的质量观，进而设计科学合理的评价体系。

二是要在教育评价方式的设计上考虑结果的运用。基础教育评价的最终导向还是要考虑其对教育改进和学校改进的作用。评价不是目的，而是一种督促，即通过评价来督促学校发现问题，提高办学质量，进而提升办学效益。

三是要加强多元评价。基础教育的评价主体应该多元化，既包括政府和教育管理部门，也包括学校管理者、教职工、学生和家长等主体。只有多元主体都参与到基础教育评价过程中来，才能保证评价的科学性，从而通过多元主体的协同作用来提高评价效果。首先，政府和教育管理部门要加强多元参与的政策制定和制度设计，为加强多元评价提供科学的决策依据。其次，学校管理者要从学校发展的角度促进其他主体的参与。最后，学校在管理制度上要充分考虑到教师、学生和家长的参与，因为他们对学校运行状况、教育教学质量和办学效果有一定的知情权和参与权。只有加强多元评价，才能营造有利于学校长足发展和学生健康成长的人文环境与氛围，让学校能静心育人，促进基础教育的良性发展，回归教育的本质。

第二节　我国基础教育现代化发展

一、密切跟踪各国基础教育发展大趋势

党的二十大报告指出："中国式现代化，是中国共产党领导的社会主义现代化，既有各国现代化的共同特征，更有基于自己国情的中国特色。"中国式现代

化与各国现代化不是重叠关系，不是并行关系，而是各自不同却又有所交叉的关系。在推动我国基础教育改革发展过程中，应当密切跟踪、深入研究各国基础教育的趋势与规律。各国政治经济文化差别很大，基础教育情况也不同，不能盲目套用。我们要真正了解和把握的是国际上基础教育的共同特征和前进方向。

第一，各国基础教育强调打好基础。当今世界，科技革命迅猛发展，工业 4.0 时代已成现实，知识陈旧率总体加快而基础知识相对稳定。为此，各国基础教育重视传授基础知识，培养基本能力，精选对学生终身学习有益的课程内容，保留或增加定律要义，遵循学科的逻辑结构和学生的心理结构。要打好基础，就必须塑造基本品德，培养学生的学习习惯，让他们学会做人、学会做事、学会感恩、学会相处。

第二，各国基础教育坚持以人为本。在具备必要的硬件条件后，各国基础教育把重点转向对学生的关注，把教育资源集中投向学生。学生不仅是学习知识的认知体，更是有血有肉的生命体。学校应当尊重人、关心人、理解人，视学生为生命存在。在教学过程中，要重视激发学生的求知欲、好奇心，调动学生的积极性、主动性、创造性，让学生保持学习热情，掌握持续学习、终身学习的本领，掌握打开知识宝库之门的金钥匙。

第三，各国基础教育呼唤优质教师。各国同行相信，要提高基础教育质量，教师的因素至关重要。没有高水平的教师，就没有高质量的教育。评价教师的时候，要看全面、看发展、看实绩。学术性、教育性相结合，培养优质教师；物质刺激、精神鼓励相配套，吸引优质教师；在岗学习、脱产进修相呼应，留住优质教师；基础教育、高等教育相衔接，提升优质教师。

第四，各国基础教育比较注重创新探索。一是学科综合探索。培养目标是综合的，课程的内容是综合的，方式方法是综合的，中学阶段大多实行普职融合。重视课程整合，支持课程融通实验，增设综合性课程，帮助学生具备广阔的视野。二是办学体制创新。设置实验性学校，培养拔尖人才，实施校内分层教学，与大学有效联合，为学生提供多样化学习机会。三是培养创新精神。鼓励学生大胆思考，大力开展启发式教学；注重知识发生过程，为学生提供创新的时间和空间；重视提高课堂效率，让学生有时间思考问题；让学生初步掌握创新的基本方法，逐步具备初步的创造能力；注重通过课内外、校内外的教学或活动，增强学生的实践能力。

第五，各国基础教育更新教学手段。大数据、人工智能、信息技术手段的发展，让翻转课堂、慕课教学得到普及，实现了远程教育资源的共享。人工智能是机遇，也是挑战；是教育内容，也是教育手段。主动研究、开发、适应、驾驭人工智能，踊跃运用人工智能助推教育教学、学生成长、教师队伍建设，已成为各国共同做法。

第六，各国基础教育开展国际交流。世界基础教育的国际交往仍会恢复、保持与扩展，与此同时，外语教学更加普及，人员交流更加频繁，走出去、请进来，交流互鉴，取长补短，必是常态。

二、及时提出我国基础教育发展新维度

（一）及时提出"素质教育2.0"

中国式现代化是"人口规模巨大的现代化"。人口规模巨大是中国教育发展最大的国情。基础教育阶段的学生规模、教育人口数量巨大，学校规模、师资数量、设施体量也在世界首屈一指。在教育高质量发展的背景下，"量"与"质"具有不可分割的关系，因此，建设人口规模巨大的现代化教育体系，构

筑人力资源巨大优势，就必须面向全体学生，提高国民素质，发展素质教育。

素质教育已经提出三十年，成绩巨大，问题仍存。现在有必要守正创新，将素质教育升级至"素质教育2.0"。在升级版的素质教育中，继续提倡立德树人是中小学校的立身之本，继续弘扬素质教育面向全体学生、促进全面发展、实现生动活泼主动发展的基本范畴，同时应当立足新时代，面对2035年，研究如何切实引导学生坚定理想信念、厚植爱国主义情怀、加强品德修养、增长知识见识、培养奋斗精神，研究如何真正落实"培养什么人、怎样培养人、为谁培养人"这一教育根本问题的内涵、外延、方略，对素质教育的30年实践进行梳理、明确、更新，对素质教育未来工作进行再动员、再部署、再落实。通过提出"素质教育2.0"，发挥振聋发聩之作用，进一步号召各地各校各方面更有效地贯彻党的教育方针，强化教育引导、实践养成、制度保障，激发学生的学习热情，面向全体学生，减轻学生校内作业负担及校外培训负担，服务学生全面发展，增强学生综合素质。

（二）及时提出"基础教育优质公平发展"

中国式现代化是"全体人民共同富裕的现代化"。全体人民共同富裕是中国式现代化的本质特征之一。在其指引下，现代化教育体系建设需要直面我国基础教育之短板，优化教育资源配置，以各级各类教育的优质公平协调发展有力推进全体人民的共同富裕。

义务教育均衡发展已经开展了近三十年，目标基本实现，成就有目共睹。综合研判后，笔者认为，现在是时候提标扩面，从义务教育均衡发展扩展至基础教育优质公平发展。在基础教育优质公平发展的大旗下，应当普遍实现县域内义务教育优质均衡发展和城乡义务教育一体化；建设普遍惠及适龄幼儿的普惠性幼儿园；通过多样化举措，实现省域内普通高中学校的特色发展和大致均衡。实现基础教育优质公平发展，就要坚持以人民为中心，这是实现中国式教育现代化的内在要求。现在应当明晰"办好人民满意的教育"内涵，让人民群众在教育中的获得感、幸福感不断提升。坚持以人民为中心，发展更加公平、更高水平、更有品质的基础教育，是中国式教育现代化的根本立场。

（三）及时提出"中小学两个文明建设"

中国式现代化是"物质文明和精神文明相协调的现代化"。基础教育战线作为实施科教兴国战略的重要主体，应当不断完善促进物质文明和精神文明相协调的现代化体系。面向 2035 年，我国的基础教育应当让校园更加完善、教室更加坚固、设施更加先进、经费更加充裕。同时，要通过恰如其分的方式，为基础教育阶段的学生讲授中华优秀传统文化特质。此外，还要重视学校文化建设。学校文化建设是学校精神文明建设的主要途径。学校文化是一种氛围，浸润学生的人格品性；学校文化是一种精神，提升学校的办学品位；学校文化是一种追求，彰显学校的办学个性；学校文化应当体现本真、和谐、共生、持续。

（四）及时提出"中小学可持续发展教育"

中国式现代化是"人与自然和谐共生的现代化"。我国基础教育应以此为指导，在已有探索的基础上，及时提出并全面推进可持续发展教育。可持续发展教育的含义很广，但主要内容是生态文明教育。为此，应当建立完善的国民环境教育体系，重塑生态文明教育目标与内容，避免让可持续发展教育沦为空中楼阁。在基础教育阶段，可持续发展教育可以通过多种渠道实施。一方面，教材内容、课堂教学是主要渠道。另一方面，课题活动、校外实践是重要补充。面向 2035 年，应当分别做好对学前儿童、小学生、中学生的生态文明情感和生态文明行为的涵养，让其获得可持续发展知识，掌握环境保护技能，养成低碳生活习惯，明白绿水青山就是金山银山的道理。有条件的地方或学校，可积极同联合国机构开展合作，吸纳先进理念，借鉴交流经验，使可持续发展教育具有时代性、实效性、感染力。

（五）及时提出"中小学国际理解教育"

中国式现代化是走和平发展道路的现代化。要促进世界和平与发展，推动构建人类命运共同体，中国积极参与全球治理体系改革和建设……推动全球治理朝着更加公正合理的方向发展。贯彻落实人类命运共同体理念、开展国际理解教育、参与全球教育治理、实现高水平对外开放，基础教育大有可为。基础教育阶段的国际理解教育，在一些地方和学校开展了多年，在新的国内国际格局下，有必要扩大实施国际理解教育的范围，让年轻一代树立文化自信，善于国际理解，在推动中国更好地走向世界、世界更好地了解中国上做出新贡献。

放眼寰宇，世界正经历百年未有之大变局。在此背景下，加强全球治理及全球教育治理，发扬积极因素、克服消极因素，促进世界和平发展，造福年轻一代，变得更为必要。基础教育领域的同志们应响应国家号召，秉持共商共建共享的全球治理观，努力发挥各自作用，力所能及地参与全球教育治理体系建设，分享我国基础教育的成功做法，不断贡献中国智慧、中国力量。

三、持续夯实发展新维度的保障措施

（一）加强党的全面领导

党对教育工作的全面领导是新时代教育强国建设的深层底色，也是实现中

· 133 ·

国式教育现代化的根本保障。党领导下的教育强国建设之路，将为丰富中国式现代化的内涵提供宝贵经验。党的领导是中国式现代化在教育领域展开的根本坐标，也是中国式现代化承接并延续教育实践脉络的首要标志。在实现我国基础教育发展新维度的过程中，中小学校要落实好党组织领导的校长负责制，确保党的领导纵到底、横到边、全覆盖。中小学校还要坚持和确立马克思主义在基础教育领域的指导思想地位，让党的教育创新进一步丰富马克思主义教育理论，让基础教育实践为中国式现代化提供经验积累。

（二）加强教师队伍建设

党的十八大以来，党中央坚持把教师队伍建设作为基础工作，强调教师是立教之本、兴教之源，教师承担着传播知识、传播思想、传播真理的神圣职责，担负着塑造生命、塑造灵魂、塑造新人的时代重任，号召广大教师坚持"四个相统一"，做"四有"好教师、"四个引路人"，做学生为学、为师、为人的大先生。在推动我国基础教育新维度的过程中，各地各校应当充分认识教师队伍建设和加强教师队伍师德师风建设的极端重要性。无论是促进教育公平、提高教育质量、发展素质教育，还是实施科教兴国战略、人才强国战略、创新驱动发展战略，以中国式现代化推动实现中华民族伟大复兴，都离不开一支师德高尚、业务精湛、结构合理、充满生机活力的高素质专业化创新型教师队伍。

基础教育领域应当落实中共中央、国务院《关于全面深化新时代教师队伍建设改革的意见》（2018年）等文件精神，突出师德师风，支持师范教育，分层培养教师，发挥书记、校长作用，加强全员能力建设，创新编制管理，促进均衡配置，提高准入要求，畅通发展渠道，提升工资待遇，关心乡村教师，公办民办学校同权，提升社会地位，加强组织保障，强化经费保障。

（三）提升学校办学品质

党的二十大报告号召"增进民生福祉，提高人民生活品质"。我国基础教育发展到今天，"有学上"的问题已经基本解决，提高办学品质已成当务之急。在推动我国基础教育发展新维度、实现中小学两个文明建设的过程中，中小学校面临共同的根本任务、一致的时代使命、相似的功能定位，因此应当抓住核心主题，明确发展方向，凝聚广泛共识。中小学校不必纠结于什么特色，不必随波逐流，而要面向 2035 年，提高办学治校能力，打造高品质学校。品质是内涵、质量、文化、特色、信誉的集合体。开展学校品质提升、打造高品质学校，应当确立学校发展哲学，制定现代学校章程，出台学校发展规划，落实学校管理标准，凝练学校文化品格，驾驭完整教学过程，实现学校安全管理，传递中华文明基因，调动全体师生参与。我们期盼未来一批又一批高品质学校应运而生。

（四）提升师生信息素养

党的十八大以来，随着基础教育改革发展的"四梁八柱"全面搭建完成，基础教育信息化的"内部施工"有序展开，数字资源供给日益丰富，信息系统建设不断提速，数据服务效能显著提升。信息化正在成为助推基础教育现代化、建设基础教育强国的强力引擎。在推动我国基础教育新维度的过程中，应当响应国家教育数字化战略行动倡议，深入贯彻落实联结为先、内容为本、合作为要的教育信息化总体战略，进一步明确方向、统一步调，集中推动数字化建设各项任务落实。立足新时代，面向 2035 年，基础教育工作者应当具备分析辨别能力、资料检索能力、数据支撑能力，能够驾驭信息技术和人工智能，改进教学，推动工作，提升效能。

（五）实现基础教育优先发展

党的二十大重申，教育是国之大计、党之大计，要实施科教兴国战略，坚持优先发展教育。基础教育是国民教育的基础、人才成长的摇篮，直接涉及民生福祉，直接联系千家万户，直接惠及所有儿童少年。在各级各类教育中，基础教育处于重中之重的战略地位，是优先中的优先，更应实现优先发展，且基础教育的优先发展不能停留在口头上。立足新时代，面向 2035 年，在推动我国基础教育发展新维度的过程中，应当实现对基础教育优先部署、优先投入、优先落实、优先督导，让中国式现代化与基础教育改革发展相互促进、交相辉映，让年轻一代全面发展、健康成长。

第三节 我国基础教育数字化转型

新兴技术不断推进经济社会的数字化转型并逐渐渗透到教育领域。基础教育在我国教育体系中占据基础性、先导性地位。党的十八大以来，我国基础教育水平持续巩固提高，在这一过程中，数字技术的作用越发凸显。基础教育数字化转型指的是将数字技术融入基础教育领域的各个方面，在培养目标、学习环境、管理体制等方面实现全方位系统性重塑，通过提升主体数字素养、营造数字化育人环境、运用优质数字教育资源、推动智能化教育管理等方式促进基础教育优质均衡发展。在国家推进教育现代化战略实施要求下，我国教育信息化实现了跨越式发展，但基础教育领域的数字化转型尚处于起步阶段并且面临着系统性挑战，在国家政策导向及经济社会发展需求的驱动下，我国基础教育领域将迎来新一轮发展机遇。学界对基础教育数字化转型的研究热度也持续增加，已有研究就基础教育课程和师资队伍的转型道路、平台体系的建设路径、中国基础教育数字化转型的特征与导向等主题进行了深入探讨，但提炼基础教育数字化转型要素以及对要素之间互动关系的研究较少，缺乏对基础教育数字化转型要素构成和如何运行的挖掘。面向未来，基础教育数字化转型要助力基础教育优质均衡发展，实现数字技术在基础教育阶段教学、管理、资源建设的全面深度应用。为此，有必要切实把握基础教育数字化转型的基本点，探索其运作机制与实施路径。

一、基础教育数字化转型的元素构成

为了把握基础教育数字化转型的基本点，对 2018 年至 2022 年国内外《社会科学引文索引》（SSCI）、《中文社会科学引文索引》（CSSCI）等期刊进行系统性文献综述，尝试梳理基础教育数字化转型的构成元素，以期为未来有效开展基础教育数字化转型提供理论参考。

（一）方法选择与问题聚焦

在教育研究领域，系统性文献综述的具体操作有执行计划、检索文献、评估文献、抽取数据资料、整合数据资料、撰写综述六个关键步骤。本研究拟利用系统性文献综述法，对特定的文献内容进行总结，以解决基础教育数字化转型的构成元素为何的问题。

（二）文献检索与信息获取

为确保所选文献的全面性、高质量、高相关度，在中国知网、施普林格（SpringerLink）、科学直通车（Science Direct）、科学引文索引网络（Web of Science）的基础上界定文献范围，确定文献的纳入标准。第一，文献必须与数字化转型主题相关。第二，研究关注的学段必须是基础教育学段。第三，文献所收录的期刊为 CSSCI、SCI（《科学引文索引》）、SSCI 级别。第四，对教育数字化转型的内涵与特征进行界定。根据研究问题，在中文数据库中以"基础教育""义务教育""幼儿""学前""小学""初中""高中""中学""数字化""在线""网络""互联网"等主题词进行初步检索，在外文数据库中以"Primary""Preschool""Middle""k-12""Online""E-learning""Web-based Learning""Digitization"等主题词进行初步检索，在发表时间 2018 年至 2022 年内最终获取中文、外文文献共 20 篇。

（三）基础架构与主要元素

依据现有文献构建基础教育数字化转型构成元素的结构模型（见图 5-2），基础教育数字化转型包含政府、学校、教师、学生、课程、组织流程等六大构成元素。

政府是转型的领导者，为基础教育改革这项系统工程提供经费和政策保障。学校发挥着转型发起者、使用者与保障者的作用，我们可通过完善校园数字化基础设施建设，构建数字化环境。管理者根据教育数据进行科学决策，从而提升数字化领导力。教师承担着教书育人的重要职责，其转型旨在提升教师的专业素养，促进专业发展及基于教育大数据的精准教学水平的提升。互联网时代对教育的意义尤其体现在对课程文化变革的促进上，开设数字化课程、将数字素养融入数字化课程、重视数字技术赋能教与学是国际社会基础教育课程数字化改革的显著特征。

　　学生的基础教育数字化转型指向学生的数字素养提升，数字时代的中小学生应从知识的被动接受者转变为知识的主动建构者，并利用数字技术解决学习生活中的各种问题。组织流程包含三大元素，家校沟通即改善家长与学校的关系，进而增强家长对学生学校生活的参与度教师信息共享即学校教学工作者要加强沟通并共享经验与资源；校际沟通的目的在于促进区域间的资源共享与互助帮扶。

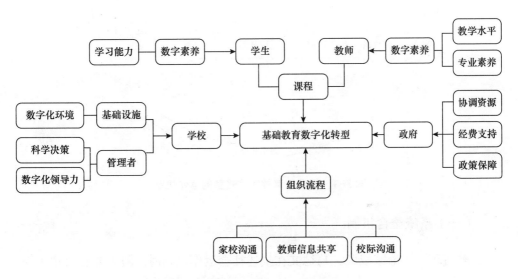

图 5-2　基础教育数字化转型构成元素的结构模型

二、基础教育数字化转型的运作机制

　　基础教育数字化转型的运作机制（见图 5-3）是对其要素结构及运作过程的表征，反映出政府、学校、课程、教师、学生、组织流程等各元素的结构功能以及相互间的关系、作用原理及运行方式。

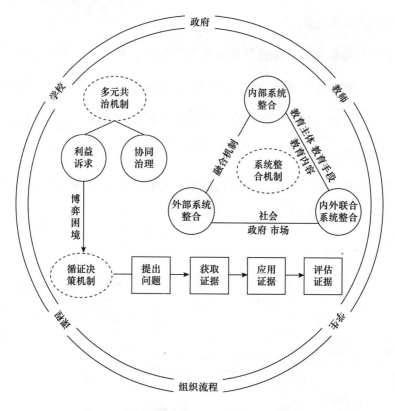

图 5-3 基础教育数字化转型的运作机制

（一）系统整合机制

著名政治评论家威廉·葛德文在描述社会运作机制时，将人类社会视为一架机器，机器上的轮子必须一齐转动。基础教育数字化转型以社会性作为其根本属性，因此要从教育问题的社会性入手寻找切入点。

1．内部系统整合

基础教育数字化转型的内部系统即教育主体、教育内容、教育手段。教育主体子系统主要包括教育者与受教育者，教育内容子系统包括教材等各种信息载体以及教育环境，教育手段通常指教育者为达到教育目的采取的各种教育工具、模式、方法。基础教育改革最终都指向学生的成长发展，凸显人本价值。无论是何种改革指向，都必将引起基础教育数字化转型内部系统各要素、各子系统间的有效整合。

2．外部系统整合

社会生态系统理论（Society Ecosystems Theory）界定了社会工作实务活动涉及的四个系统：微观系统（Micro-system）、中观系统（Meso-system）、外部系统（Exo-system）、宏观系统（Macro-system）。其中，外部系统的影响因素只对个体产生间接影响。基础教育改革进程与社会的方方面面紧密相连。从社会生态系统角度来看，其外部系统包括参与教育治理的以政府、市场、社会为中心的不同主体。从政府角度来看，为基础教育数字化转型提供政策支持、资金投入、组织管理。从市场角度来看，企事业单位助力办学；从社会角度来看，主要包括社区支持与家庭支持。基础教育数字化转型的外部系统本质上是利益主体的协调，各外部利益主体都要承担起促进基础教育数字化转型的责任。

3．内外联合系统整合

基础教育数字化转型离不开内部系统提供的内核力量，离不开外部系统中全社会共同参与创建的协同治理空间，更需要依靠内外联合系统的整合互动，将不同层面的整合纳入相同的工作系统、配备相同的融合机制。叶蓓蓓等学者提出基础教育生态系统重塑的设想，认为各要素紧密联动需要高数字化的教育环境、丰富优质的教育资源、基础教育教学理念更新、师生数字化应用能力发展等。涉及教育主体和教育内容等内部系统，单凭在内部系统对教师、学生、管理者提出营造育人氛围、开展数字化技能培训课程等要求远不足以实现数字技术与基础教育的深度融合，更需要外部利益主体，如政府部门提供政策支持和落实监督机制，或是设立基础教育数字化转型项目，吸引学校、企业、家长的协同参与，深化产教融合及校企合作。

（二）多元共治机制

基于协同理论，基础教育数字化转型要想成功进行，就要形成多元主体共同治理机制。此外，基础教育数字化转型的多元共治机制本质上也被利益相关者之间的"契约网络"所驱动（见图5-4）。

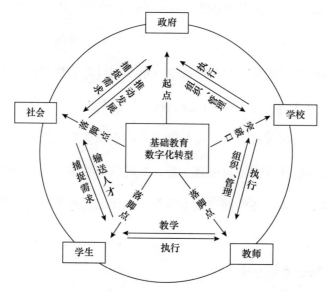

图5-4　基础教育数字化转型中利益相关主体的"契约网络"

1．利益诉求

在"契约网络"中，与基础教育数字化转型关系最紧密的利益相关主体是政府、社会、学校、教师和学生。具体来讲，政府是组织者、直接管理者、政策制定者，政府的利益诉求在于转型的有效性，基础教育得到高质量发展，学生也得到全面发展。学校的利益诉求在于实现学校自身发展、学生发展、教师满意度与利益以及数字化转型资源供给之间的平衡。社会的利益诉求在于为其培养输送更多、更高质量的人才。教师负责基础教育教学的顺利进行，在落实学校相关制度的同时，期望享受相应的改革成果，如更多的自主权。学生在基础教育数字化转型过程中接受教育服务，是基础教育数字化转型的直接利益相关者以及转型质量的共同创造者。

2.协同治理

在明确多元主体的利益诉求之后，需要进行制度体系建设来为基础教育数字化转型提供保障机制。这里的制度体系即协同治理机制，它能够针对性地解决多元主体的业务协同配合问题，推动多方利益共同发展。协同治理机制一般包括横向协同以及纵向协同。中央政府是基础教育数字化转型的规划者、主导者，地方政府对中央政府下达的指令进行地方性转化之后再执行，体现的是纵向协同关系。横向协同则有多种形式，包括但不限于政府与学校、家长与学校、学校与学校以及政府部门之间的协同形式。例如，学校间协同的典型案例是两江新区、天府新区两地共 17 对中小学校开展学校结对活动；政府不同部门间协同的典型案例是"双减"政策的贯彻落实，其既需要教育部的介入，更离不开财政部为课后服务提供的经费保障。

（三）循证决策机制

经过多年的循证教育改革探索，我们已经逐渐形成一套"提出问题、获取证据、应用证据、评估证据"的运行机制。在中国基础教育数字化转型背景下，这种机制将具体化为以下过程：首先，提出问题是解决问题的前提与基础。基础教育数字化转型以具体困境为出发点，并以突破具体困境为根本目标。其次，获取证据为解决问题提供了更大的可能性。在这一环节，基础教育数字化转型出现困境的证据质量直接影响应用与评估证据的质量与效率，也从根本上决定了基础教育数字化转型的成功与否。再次，应用证据的过程是一个动态发展的过程，不仅需要监管证据的应用过程，还需要灵活多变地处理这一过程出现的各种问题。最后，评估证据的实质是对现有证据的整合，需要通过衡量证据干预的有效性，得出针对具体困境的科学决策，对于能够解决具体困境的证据将进行辐射推广。最终，基础教育数字化转型的推进依靠两条反馈路径：一是利益主体在形成的"契约网络"中的内部自查，二是基于具体困境的循证系统。前者在操作层面对利益主体进行行为制约，后者为基础教育数字化转型提供科学、客观、有效的治理证据。

三、基础教育数字化转型的实施路径

随着教育信息化的推进，基础教育治理逐渐呈现碎片化特征，仅靠运作机制的引导与制约是远远不够的，还需厘清基础教育数字化转型的逻辑关系，制定具体可行的实施路径（见图5-5），即"总体规划—基础建设—系统推进"。

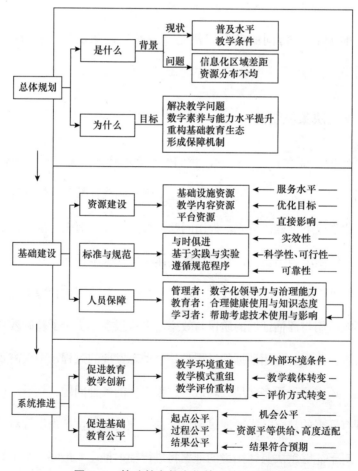

图 5-5　基础教育数字化转型的实施路径

（一）总体规划

总体规划是基础教育数字化转型的第一个阶段，即通过历史情况与现状分析，以国家对基础教育发展、教育信息化改革、教育数字化转型的长远规划为依据，确定战略方向与目标定位，回答清楚"是什么"和"为什么"的问题。一方面，回答"是什么"的问题，即厘清基础教育发展的历史情况与现状，把握其总体规划的背景。党的十八大以来，我国基础教育发生了格局性变化。与此同时，在教育数字化转型的背景下，基础教育发展面临着许多新问题。例如，中小学校的信息化程度存在区域差距，基础教育数字化必备的教学环境、数字资源和师资队伍等方面均存在着分布不均衡的现象。因此，作为基础教育信息化的高级发展阶段，基础教育数字化要对基础教育服务生态进一步重组与再造。另一方面，回答"为什么"的问题，即明晰基础教育数字化转型的目标指向，凝聚基础教育数字化转型的价值共识。从浅层次来讲，基础教育数字化转型就是完成核心业务转型，以更好地实现育人目标；从深层次来讲，需要数字创新来满足基础教育更深层次的数字化转型需求。在这个转型过程中，一是充分利用数字技术解决基础教育教学问题；二是提升基础教育相关人员的数字化素养与能力水平；三是重构基础教育生态；四是形成建设性的保障机制，为基础教育转型保驾护航，保障价值观念、流程、工具、手段、方法的全方位重塑。

（二）基础建设

基础建设是在基础教育数字化转型的总体规划上进一步细化的，确定实现目标所需的数字资源以及数字资源能够更好地提供服务的人员和制度保障，以支持数字资源充足的基础教育数字化转型实施。

1. 数字资源建设

基础教育的数字资源十分丰富且种类繁多。从功能性角度对其划分，可分为基础设施资源、教育教学内容资源、平台资源。其中，基础设施资源建设决定了基础教育数字化服务水平，教育教学内容资源是优化目标，平台资源直接影响转型的落地与实施。就数字资源建设现状来看，国家与社会的资金投入是比较高的，但"重建设，轻服务"的现状仍然存在，并且偏重课件、试题、素材的建设缺乏微课、虚拟现实课程等能够支持学生进行研究性学习或者满足学生个性化需求的工具与平台资源，现有的平台也无法提供有效的反馈服务与引导服务。因此，建设数字资源与提高服务水平是基础教育数字化转型的迫切需求，有效的路径包括建立基础教育数据共享库、构建基础教育评价体系并检测教育过程的质量、以国家中小学智慧教育服务平台为主体优化数字资源供给模式等。

2. 数字化标准与规范

在数字化标准与规范层面，通过创建规范和标准对基础教育数字化转型过程的数据信息、教育教学、软硬件设施等方面产生的活动进行管制与约束，是一种有效的治理干预措施。从狭义上看，标准规范是对转型参与者的自身行为以及彼此之间的交互行为提出的约束，能够使基础教育数字化转型系统内的活动合乎要求，支持整个系统的生态性发展。其具体包含以下三个方面：一是从环境建设层面扫清数据传输的技术障碍，完善网络接入、智慧教室、数字校园、平台体系、教与学终端、AR（增强现实技术）/VR（虚拟现实技术）等的技术规范或建设指南。二是建立健全数字资源开发、存储、传输的规范与标准，助力基础教育数字资源的共建共享。三是在宏观层面为基础教育数字化转型建设提供教育管理信息化的标准与规范，保障基础教育数字化转型健康有序发展。

3．数字资源的人员保障

数字资源的人员保障通过提高各类人员参与数字化转型的能力水平来实现。就管理者而言，需要提高的是领导干部的数字化领导力与治理能力，从而在洞察、决策和思维层面推动数字资源的逐步升级与完善。就教育者而言，程建平等学者提出，高质量的基础教育教师队伍是推进基础教育数字化转型和实施教育强国战略的根本保障。教育改革的主阵地是课堂，站在更广的社会文化立场上，教师的数字素养即从在法律和道德方面、隐私和安全方面具备一定的知识与正确的态度，以及知道数字技术的作用和能够使用数字技术进行教学这两者之间取得平衡，并将这种平衡贯穿到教学活动中。因此教师在合理和健康地使用数字技术进行教学时，帮助学习者培养对数字技术使用及其影响的更深层次的考虑。正如郑旭东等学者所述，教师数字化转型不仅要求重塑其适应与胜任数字教育教学工作的能力结构，更重要的是赋能学生的数字化学习与成长成才。

（三）系统推进

基础教育数字化发展蓝图既需要各要素、各环节、各领域的协调发展，又包含与经济社会发展的高度协调性，因此需要精准施策、系统推进。

1．促进教育教学创新

教育教学创新作为一个支点，在技术条件与教育需求变化对基础教育发展提出更多要求时，很好地平衡了技术条件与教育需求。教学环境重建、教学模式重组、教学评价重构是教育教学创新的基本组成部分。

首先，教学环境重建为数字化环境下的基础教育教学提供了外部环境条件。在数字化转型背景下，基础教育的教学环境具有智慧化的典型特征，具体体现在教学资源、教学工具、教育基础设施等方面。数字孪生等新兴数字技术的发展为智慧教学的环境创设提供了技术基础，出现了实现学校业务流程信息化管理的智慧校园、实现物理校园与虚拟校园深度融合的元宇宙学校。利用虚拟现实仿真技术建设虚拟现实课堂，以提供沉浸式的学习体验，是目前中小学主流的教学环境的重建内容。

其次，数字化环境下的基础教育教学模式重组表现在教学载体的转变上。常见的信息化教学模式有在多媒体环境中的授导式教学、面向混合式学习环境的翻转课堂、面向实景教学环境的创客教育、面向非正式学习环境的移动学习、面向 VR/AR 的沉浸式学习等。随着数字技术与教育教学融合的不断深入，学习者的个体需求越来越得到重视与满足，师生关系也不断变化，体现出对"以学习者为中心"的理念贯彻。

最后，教学评价重构指的是教学评价方式由"经验评价"转向"数据评价"。基础教育数字化过程中产生了各类教育数据，如果得到有效运用，能够在识别学情个性、优化学习过程、提升教育质量等方面展现出巨大潜能。教育数据覆盖教育全场景，通过对学习过程进行跟踪与评价、监测与优化，有利于开展精准教学。例如，智能教学系统对学生学习情况进行分析并自动生成报告反馈给教师，教师不仅能从宏观上掌握全部学生的学习情况，还能掌握个体的学习情况，以便于及时改进教学。

2. 促进高质量的基础教育公平

《中国教育现代化2035》明确指出，2035 年主要发展目标是普及有质量的学前教育、实现优质均衡的义务教育，表明基础教育既要保证公平又要兼顾质量，具体表现为利用数字技术完善起点公平、促进过程公平、保障结果公平。

首先，起点公平即人们都有接受幼儿教育、小学教育、中学教育的机会。信息技术促进起点公平要求做好优质资源配置工作，消除基础教育阶段现有的区域、城乡、校际、群体教育发展差距。现代信息技术在资源传输和配置上具备独特优势，通过扩大教育资源传输的覆盖面、提高教育资源传输的速度、优化教育基础设施，缩小城乡、地区、学校间资源分配不均造成的数字鸿沟。为此，需要在资金保障与基础设施保障上加大投入。

其次，过程公平即学习者在受教育过程中获得公平的待遇，数字化背景下的基础教育要保证教育资源平等地供给所有学生，并与学生高度适配。也就是说，学习者的学习风格、知识储备、学习方式、认知能力等都具有一定的差异性，要避免传统基础教育教学中"一刀切"的方法，更多地关注学习者之间的个体差异性。比如，个性化推荐系统利用大数据对学生进行精准画像，科研为学生提供个性化指导。例如，杭州某中学教育集团基于大数据构建初中生成长助力系统，甄别学生在综合素质、学业水平和个性特长三方面的差异，以便制定个性化成长方案。

最后，结果公平的目的是使学习者获得与预期一致的高质量教育。基础教育质量评估是复杂的系统工程，需要科学合理的教育质量评估体系。对数字化环境下的教育质量进行动态监测与智能诊断，需要贯彻落实将结果评估与增值评估相结合、结果评估与个体努力程度评估相结合、全面发展评估与个性发展评估相结合、线上评估与线下评估相结合的评估理念。

基础教育数字化转型是我国教育现代化的重要内容，也是实现教育现代化的重要举措。数字化将改变教学理念、手段、机制等传统教育的方式，面对基础教育的教育现状和未来走向，应积极顺应数字化教育转型趋势并针对目前面临的问题提出相应的解决思路。我国基础教育仍处于信息化基础阶段，随着国家对教育信息化重视程度的提高，基础教育数字化转型正在积极推进，自全国教育数字化转型试点工作启动以来，各省市区积极推进教育数字化工作并取得显著成效。但由于受经济社会水平、数字技术应用水平等的制约与限制，当前国内大部分中小学教育数字化转型还停留在初级阶段。我国现有基础教育的教育数字化水平不高、资源分布不均衡、规模不大等问题尚未根本解决。在总体规划、基础建设、系统推进的行动路径指引下，有计划、有步骤地推进基础教育数字化转型，全面促进基础教育高质量发展，有利于更好地实现"五育"并举的教育改革目标。

第四节　我国基础教育与"五育融合"

2019年7月8日，中共中央、国务院《关于深化教育教学改革全面提高义务教育质量的意见》进一步要求："坚持德智体美劳'五育'并举，全面发展素质教育。"从"五育不全"到"五育并举"，再到"五育融合"，表明回归到教育最基本的初心上来，是大势所趋。全面贯彻落实党的十九大和全国教育大会精神，追求真正的高质量和高水平教育，重在高效培养更加全面的时代新人。

本节尝试从教育生态学视角就新时代"五育融合"的含义、思想渊源、价值深意以及如何打破"五育"之间的边界和屏障生态重建等问题做初步思考，以引发教育同人做更深入的思考与实践。

一、什么是"五育融合"

何谓"五育融合"，见仁见智。从语义学分析看，理清"五育融合"的基本含义，有两个前提性概念需要阐明：一方面，何为"五育"？从教育生态学视角来看，"五育"的主体不仅有教师，还有其他教育利益相关者——家长、社会和受教者本人等。"五育"的内容不仅要注重德智体美劳各自学科内容上所体现的"善""真""健""美""实"的学科素养追求，更要注重"五育"之间的相互交叉，互相渗透。比如，体育学科的教学与实践生态不仅有健康知识与技能的追求，还有体育规则伦理、体育智慧、体育审美、体育实务价值的培养，通过"以体树德、以体启智、以体健美、以体促劳"的方式，能更有效地提升学科素养的整体育人效应。其他各育，如德育、智育、美育与劳育的系统化开展同理。另一方面，如何理解"融合"也很关键。《现代汉语词典》将"融合"一词定义为："几种不同的事物合成一体。"由此可见，融合不是简单意义上的并列或补齐拉平，而是通过不同事物之间相互聚集、渗透，生成新的有机整体。聚集是融合的前提，只有几种不同的事物聚集在一起，才有可能实现这些事物的融合；渗透是融合的过程，这一过程导致一个新的事物的生成。

质言之，教育生态学视角下的"五育融合"，不是"五育并举"，更不是德智体美劳的简单拼凑和叠加，而是将"五育"聚集于学生的课程、活动中，并相互渗透，从而实现整体"五育"的生成。正如时任上海市教委副主任倪闽景所说："德育不好是危险品，智育不好是次品，体育不好是废品，美育不好是廉价品，劳动教育不好是赝品。对培养孩子而言，德智体美劳就像一朵花的五个花瓣，本身就是一体的，哪一个花瓣都不该缺。"

可见，"五育融合"不仅是一种教育价值观，也是一种教育创新思维方式，更是一种教育实践新范式。我们应形成这样的共识：步入教育新时代，我们正共同走着一条培养德智体美劳全面发展，"五育融合"的教育实践之路。"五育"之间既各自独立，又内在统一；既是手段，也是目的，其最终目标是一致的，即通过"五育互育"和有机融合,高效促进学生与教育者共生共长的德智体美劳全面发展这一根本目的。

二、"五育融合"的理论基础

"五育融合"思想的提出并非空穴来风,而是近现代思想家、教育家基于对国家命运、民族危机和"人的全面发展"的深刻认识与实践基础提出的。1912 年 7 月,全国临时教育会议召开,蔡元培先生在会上系统地阐明了制定民国教育宗旨的指导思想,提出了德智体美"四育并提"的教育宗旨。我国近代著名教育家经亨颐先生在担任浙江省立第一师范学校校长期间提出了"人格为先、五育并举"的教育思想。中华人民共和国成立后,德智体美劳全面发展的育人目标逐渐成为共识,全国教育大会对构建"全面发展的教育体系"进行了确认。至此,"五育"并举,融合育人,成为全体教育人的共同目标。本节所探讨的"五育融合",其理论基础来源于马克思的"人的全面发展理论"和"个性发展理论"以及西方人本主义者的"全人教育学说"。

一是"人的全面发展理论"。当前学界对人的全面发展的认识主要有以下几种观点:一种观点将人的全面发展看作对各种劳动需求的适应,以及社会全体成员才能的充分发挥;另一种观点把人的全面发展看作人的劳动能力和社会关系,以及个性的全面发展;还有学者认为人的全面发展是"和谐的人的全面发展",即"作为目的本身的人类能力的发展"、主体对自身发展机会的平等获得和充分利用、不断扩大主体自由以及各种能力、机会和选择的和谐发展。可见,"人的全面发展"是人的内在发展需要,是和谐发展的需求;是具有主体性的人的个性的自觉发展;是人类社会关系的全面发展。正如马克思所指出的：“任何人的职责、使命、任务就是全面地发展自己的一切能力”“成为自己的社会结合的主人，从而也就成为自然界的主人，成为自身的主人——自由的人”。人的能力的充分发挥，为“五育融合”的必要性提供了必要解答。人的和谐发展要求人的道德、智力、体力、心理等素质处于和谐状态，且都得到充分的发挥，而非处于割裂、对立的状态。教育是培养人的社会活动，必须顺应人的发展规律，要求“五育”必须“融合”，而非割裂、对立，以促进人的全面发展。人的全面发展理论为“五育融合”提供了基础。

二是“人的个性发展理论”。在人的全面发展基础上，马克思提出要建立自由的个性。马克思认为人是有个性的存在物，人的特殊性使他成为个体，成为现实的社会存在物，自主性、自律性与创造性是人的个性的集中体现。在马克思看来，具有自由个性的人才是完整的人，每个人的自由发展是一切人的自由发展的条件，全面发展的人的自由个性的培养，是实现人的内在和谐、人与人和谐、人与自然和谐的根本。因此，“五育融合”的目的在于促进人的全面发展，在于提高人自身的全部潜能，实现人与自我、人与社会、人与自然的完整统一。

三是西方人本主义者的“全人教育学说”。由于技术革命在社会上取得胜利，科技力量令人们深信不疑，科学技术成为衡量一切的标准，教育中的人也被物化了。从自由教育到人文教育，再到人本主义教育，全人教育（Holistic Education）的研究不断深化。隆·米勒强调教育的完整性，他认为除了知识传递和技能训练，还要关注内在情感体验及人格全面培养。罗杰斯认为，“全人教育即以促进学生认知素质、情意素质全面发展和自我实现为教学目标的教育”。总之，“全人教育学说”秉持整体的世界观，强调教育要在整体中来培养人和促进人的全面发展。教育不是人的各方面素质、能力的简单叠加或复杂整合，学生是整体而非分裂的人，因而必须"教育全人"。"全人教育学说"为"五育融合"的育人实践提供了深厚的教育生态理论基础。

三、"五育融合"的教育生态修复意义

"五育融合"的提出，真实地反映了教育工作者对修复基础教育不良生态的持续思考和实践探索。众所周知，受智育独大的教育评价观、工具化和短视化的人才观钳制，当前我国基础教育依然存在"五育缺失"（疏德、偏智、弱体、抑美、缺劳）和"五唯顽疾"（唯分数、唯升学、唯文凭、唯论文、唯帽子）的问题。在具体教学和管理中，"五育"常常被分裂成几个彼此独立的实践活动。

"五育"内部逻辑分裂、"五育"目标过度分解、"五育"过程条块分割的状况，导致基础教育办学目标远离教书育人初衷。究其主要原因，在于智育独大教育评价观、工具化和短视化人才观以及教师综合素养相对不足等，其背后的根源在于当下我国基础教育存在的教育科学主义和功利主义至上的教育生态危机。

质言之，"天地人事皆课程，生命自觉皆学习"。因为把教育的本质理解为影响人的心灵成长与转化的过程，所以才需要"五育融合"样态的教育生态修复和改进。德智体美劳是相辅相成、不可或缺的有机整体，德智体美劳全面发展，是对人的素质定位的基本准则和教育追求。当下最重要的是要尽快修复局部恶化的基础教育生态，打破过于功利化的教育观，从"育分"回归到"育人"的教育原初生态轨道上来。

四、走向"五育融合"的教育生态重建路径

"五育融合"看起来是一场零和博弈,"五育"中任何"一育"之所得,似乎都意味着其他"四育"将有所损失。但事实并非如此,生态学视野下"五育"融合不是各育的简单拼凑,而是实现"五育"的真正渗透,即"你中有我,我中有你"。"五育教育"分散乃至割裂的问题,迫切需要寻找一个契合点,把原先分离的、割裂的教育形态,通过一个共同的契合点连接在一起。

"五育融合"的教育生态重建是一个需要整合一线教育实践并进行理论建构与实践创新的全新领域,代表了新时代中国基础教育改革的前沿方向。"五育融合"生态修复的关键在于,在思想认识上,要敢于打破"五育"边界。边界是导致行动或互动产生中断的社会文化差异。边界的结构包括物理边界、社会边界、心理边界。只有推动学校学科融合、知识融合、方法融合和价值融合的真变革,全息育人,才能更好地落实立德树人机制,修复不良基础教育生态。

(一)走向"五育融合"的课程生态重建

课程是"五育融合"的基础,开足开好课程是走向"五育融合"的关键。育人价值是学科价值实现的目的,学科价值是育人价值实现的条件,学科价值与育人价值相互协同、转化、融合共生。目前,中小学课程之间的边界导致教师的教和学生的学存在局限性。"五育融合"视野下的课程融合是必要的和可能的。我们所学的知识往往是特定假设和价值观指导下的特定共同体的产物,不同课程的知识为了不同目的而存在,并以不同的方式发挥其功能。

要实现"五育融合"的课程生态重建，必须重构"五育融合"知识，因地因校制宜开发课程资源，不仅要让学生开动脑筋，更要让学生迸发情感、付诸实践。

比如，杭州市上城区通过建立学习中心，开展"五育融合"探索。通过"走班、走校、走社会"的动态学习模式，推动区域教育资源优化配置，形成全面开放共享的复合式学习空间。学习中心的课程体现出融合性、系统性、实践性等特点，强调学科融合共生、分层分类设计、项目合作探究；学和教的方式实现了变革，更加强调项目学习、合作学习、混合学习以及深度学习，走出了课程生态区域重建的重要一步。"五育融合"实践联盟学校——浙江省武义县熟溪小学在教育教学中，充分发挥乡土劳动资源的优势，将它引入学校、课堂，能有效解决资源匮乏的问题，使知识的本质、文化的本质、美的本质和教育的本质与人的本质在自然生态艺术的创造性实践中实现统一。

（二）走向"五育融合"的教学生态重建

"五育融合"不是各育的简单叠加，而是有机的聚集、渗透。在教学中，整体的"五育"将超越原有分裂的"五育"，整体地促进人的全方位发展。在教学过程中，应充分发掘各育要素，以"无声无形"的方式实施"五育"，培育具有"生命"的个体、培养完整的人。当务之急，学科教师要树立"五育融合"教学生态观，不以学科壁垒禁锢自己的育人观念。教师必须熟悉教学内容，并充分挖掘教学内容中的"五育"因素。教师不仅要把握教学内容，而且要能够在相应的教学内容中聚集、渗透各育因素，即在进行某育的过程中充分挖掘其他各育因素，努力消除"壁垒观"，在做好学科"分内之事"的同时明确"直面全人"，这样才有可能促进"五育"之中"你中有我，我中有你"的自然渗透，实现日常教学过程中的"五育"融合。

比如，数学教师在批改作业时发现的错别字能否给学生指出？语文教师批改作文时发现有意思的插画是否要给予赞赏？体育课上学生暴露的懒惰思想可否被忽视？学科老师对自己专业范围内的事更敏感，很快能区分哪些是其"分内之事"，而其他的似乎就是别的学科老师的业务范畴。重庆市北碚区紧紧依托教材，改进教学设计，多举措探索学科全息育人的研究实践，挖掘"五育"育人点，建构了北碚"五育融合"范式，值得业内同行认真关注与学习。

（三）走向"五育融合"的评价生态重建

"五育"融合育人效果评价指标体系是监测我国人才培养质量的重要手段，是立德树人落实机制的重要组成部分。评价是对行为的考量，要让"五育"融合真正落地生根、开花结果，评价的改进是必不可少的。"五育融合"要求一种全新的评价体系："不再是孤立地评价德育成效、智育成效、体育成效、美育成效和劳育成效，而是以'五育融合度'为评价单位，进行整体评价。""五育融合"的实践仅靠学校统一安排的全科学习、非纸笔测评、全塑运动等跨学科综合学习是远远不够的，真正让它落地开花还需每位教师在日常教育教学工作中努力践行。

例如，"五育融合"实践联盟学校——杭州市凤凰小学的语文学科教师，大胆摒弃"唯分数"论，牢记全面育人职责，积极依托本学科教学内容打通学科壁垒，进行"五育融合"。比如，鼓励学生小组合作，选择自己喜欢的语文课文进行剧本编写或插图设计等，通过项目化学习的形式，学生们在实践活动过程中既受到了经典课文的思想熏陶，也锻炼了表演能力、绘画能力、动手做道具能力以及团队写作能力，提升了学生的综合素养。

（四）走向"五育融合"的资源协同生态重建

在信息化社会，如何打通各种硬软件的资源壁垒，促进学校内外、体制内外资源的深度融合，建立"五育融合"服务平台和协同机制非常重要。借力系列新型教育服务平台和沟通协同机制，有效打通资源壁垒，汇集分散、割裂的"教育力"，能够促进体制内外及学校内外各类资源的深度融合。

全国"五育融合"实践联盟区上海市金山区经过系列实践探索，已经形成了极具特色的资源协同区域经验，具体包括：打通校内外边界，创新家校合作育人模式；打通行政边界，推动体教资源深度融合；打通系统内外边界，构建社会协同育人机制；打通部门职责边界，形成教育行政协同机制。此外，通过完善分类培训体系、创设系列培育机制、实施教师走校项目、聘请校外教师等多种举措，为教师拓宽多渠道交流平台、丰富项目化发展资源，为资源协同生态构建的区域突破提供可供借鉴的宝贵经验。

（五）走向"五育融合"的学校治理生态重建

在共同体中，领导力不是领导者个人的所有物，不是某个人的私有财产，而是属于群体的，是共同体的一个方面，且只能在共同体存在的条件下才能维持。已有的关于领导力的研究有以下两种观点：一种观点将领导力视为个体内在潜能，另一种观点认为领导力是情境作用的结果。但是实际上一个人是不可能成为拥有"有远见""善于引导""组织能力强"等品质的领导者的，这些品质都是在共同体的认可中产生的。组织中的领导之所以有魅力，是因为和组织成员开展合作时受到组织成员的认可和支持，进而促进教师发展、有助于学校环境建设、有利于学校的整体发展。组织的愿景与目标并不是由个人建立的，而是参与对话的所有成员共享的。具体领导策略包括积极分享、注重价值、建构现实等。总之，学校是一个松散耦合性组织，它的组织远景与目标达成更需要教育伦理决策和教育价值共识，而不是靠单纯的"绩效激励"激发教师工作的原动力。所以学校在变革过程中需要发挥"五育"关系型领导的变革作用，这样才能真正实现"五育融合"的学校改进新样态。

总之，"五育融合"是一个需要整合一线教育实践并进行理论建构与实践创新的全新领域和大文章，代表了新时代中国基础教育改革与发展的前沿方向。通过聚焦"五育融合"的教育生态学理论建构以及走向"五育融合"的区域教育发展、学校变革、课程建设、教学变革、评价改进等方面的深入改革，必将为新时代的中国基础教育改革提供建议和参考。对未来如何进行"五育融合"的系统化建设、如何研究不同学段的融合过程、如何让融合日常化、如何培养适应"五育融合"的新校长、新教师和新家长以及学生的具身化、生活化的学习方式等问题留下了持续思考和探索的空间。

参 考 文 献

[1] 谈松华, 袁本涛. 教育现代化衡量指标问题的探讨 [J]. 清华大学教育研究, 2001（1）: 14-21.

[2] 裴娣娜. 我国基础教育现代化发展的根本转化 [J]. 北京大学教育评论, 2004, 2（2）: 63-69.

[3] 南国农. 电化教育与学校教育现代化建设 [J]. 电化教育研究, 1997（1）: 3-8.

[4] 李祖超. 日本的教育现代化之路及其对中国的启示 [J]. 清华大学教育研究, 2004, 25（3）: 23-29.

[5] 李玉珠. 教育现代化视野下的现代学徒制研究 [J]. 职教论坛, 2014（16）: 14-18, 30.

[6] 褚宏启. 历史上英国教育现代化进程的渐进式特征 [J]. 比较教育研究, 2000（3）: 58-60.

[7] 翟雪松, 朱雨萌, 张紫徽, 等. 高校教育信息化治理能力评价: 界定、实践与反思 [J]. 开放教育研究, 2021, 27（5）: 24-33.

[8] 董玉琦, 毕景刚, 钱松岭, 等. 基础教育信息化发展的问题审视与战略调整 [J]. 开放教育研究, 2021, 27（4）: 50-58.

[9] 王飞, 李绚兮, 顾小清. 教育信息化产品和服务的生态发展研究 [J]. 电化教育研究, 2020, 41（10）: 99-105.

[10] 顾小清, 白雪梅. 教育信息化推进新路径: 构建以设计为中心的研究—实践共同体 [J]. 开放教育研究, 2019, 25（6）: 66-74.

［11］万昆，任友群．基础教育信息化发展调查研究——基于江西省 W 县的调查 ［J］．开放教育研究，2020，26（1）：90-99.

［12］骆志煌．教育信息化推进高品质学校现代化建设 ［J］．教育评论，2022（9）：63-68.

［13］吴飞．以教育信息化推动教育现代化——武汉市青山区吉林街小学特色办学掠影 ［J］．湖北教育（教育教学），2022（26）：2.